Norbert Brox · Erleuchtung und Wiedergeburt

Norbert Brox

Erleuchtung und Wiedergeburt

Aktualität der Gnosis

Kösel

CIP-Titelaufnahme der Deutschen Bibliothek

Brox, Norbert:
Erleuchtung und Wiedergeburt : Aktualität der Gnosis /
Norbert Brox. – München : Kösel, 1989
ISBN 3-466-20311-2

Druck und Bindung: Kösel, Kempten
Umschlag: Bine Cordes, Weyarn, unter Verwendung eines Bildes »Spiritus universus«
von Hermann R. Petersohn, Göppingen
ISBN 3-466-20311-2

Inhalt

Einleitung: Alte Gnosis – neue Weisheit 7

I Gnostische Mystik in der Spätantike 13
1 Gnostische Irritation 13
2 Gnosis – eine spätantike Erlösungsreligion 14
3 Das Heil des Menschen – gnostisch 20
4 Der Erlöser – gnostisch 25
5 Jesus (Christus) – gnostisch 27

II Die Gnosis als Ketzerei und Faszination für das frühe Christentum 33
1 Gnosis als Ketzerei 34
2 Die Gnosis als Faszination für die Christen 42
3 Seelen-Präexistenz und Seelenwanderung in der Frühkirche? 45
4 Christentum in Alexandrien 51
5 Klemens und Origenes von Alexandrien über den »wahren Gnostiker« 52
6 Das System des Origenes 60

III Gnostische Texte 65
1 Barbelognostiker 66
2 Naassener-Psalm 69
3 Das »Perlenlied« (Gesang des Apostels Judas Thomas im Lande der Inder) 71
4 Das Evangelium der Wahrheit 76
5 Aus dem koptisch-manichäischen Psalmbuch. Psalm 223 95

Quellenangaben zum Textteil 100

Anmerkungen 101

Kleine Bibliographie 107

Einleitung: Alte Gnosis – neue Weisheit

Es gibt eine interessante »Wiedergeburt«. Eine alte Religion, bis auf geringe Reste in der Geschichte versunken, ist neu aktuell geworden. Die Gnosis, eine Erlösungsreligion der Spätantike, findet neue Neugier, Sympathie und Ablehnung. Zwischen unterschiedlichen Interessen hin- und hergezerrt, erlebt sie in diesem Jahrhundert sehr viel Beachtung, – wie schon zu ihrer Entstehungszeit. Einerseits ist sie wissenschaftlich intensiver als je erforscht worden, so daß sie nun viel besser bekannt ist als bisher. Dazu halfen exakte Methoden und spektakuläre Schriftenfunde zusammen. Man interessiert sich für sie auch in der modernen Politikwissenschaft. Von ganz anderer Seite kommt heute die »Wissenschaft« vom sogenannten »Neuen Zeitalter« auf diese Religion zurück. Einen besonderen Reiz übt allein das Schlüsselwort »Gnosis (= Erkenntnis)« aus, das – reichlich pauschal, aber passend – zum Namen dieser komplexen Religion gemacht wurde. Es signalisiert das Programm von der Rettung durch Wissen, von neuer Weisheit, vom (bisher verborgenen) Zugang zur erlösenden Wahrheit. Auf esoterischen Bahnen wird hier das Wissen über Welt, Mensch und Zukunft vermittelt, in einer attraktiven Aura von Elite, Mystik und Mystagogie. Damit hat die Gnosis eben nicht nur in der Antike fasziniert. Ihr Beitrag zur spätantiken und vor allem zur mittelalterlichen Sekten- oder Ketzergeschichte war bedeutsam. Heute interessiert man sich an ihr namentlich für das holistische Format, den hohen Anspruch an Einsicht und ganzheitlicher Erkenntnis, die »konspirative« Atmosphäre unter Wissenden und dergleichen mehr. Theosophie und Anthroposophie fühlen sich dieser Religion verwandt und

suchen den Anschluß an Traditionen gnostischer (und frühchristlicher) Vergangenheit. Daher ihre neue Konjunktur seit Jahrzehnten. In der derzeitigen Suche nach neuer Spiritualität und Mystik wird einmal mehr nach Lebens-Perspektiven außerhalb der verordneten, dogmatischen und institutionell plombierten Lehren und nach »Gnosis« des Wesentlichen gesucht.
Und weil man das gesuchte Neue immer gern als das (wieder)gefundene Alte begreift, weil man im eben Entdeckten gern verschüttetes Früheres an's Licht bringt, darum lebt diese alte Religion auf, von deren Ideen etliche moderne Strömungen wahrscheinlich noch stärker abhängig sind als bewußt ist. Die Verwandtschaft im Entwurf des Weges des Menschen – zu sich, zu Gott – über Esoterik und Mystagogie ist jedenfalls deutlich.
Neue Aktualität bekam auch die Entscheidung für »tiefe«, spirituelle Religiosität des einsamen Weges statt konventioneller Frömmigkeitsmuster. Daraus resultiert, daß man (unter den verschiedensten Bezeichnungen) die alte Unterscheidung wiederholt, die sich auf eine ungleiche Chance und ungleiches Niveau in Sachen religiöser Erkenntnis (Gnosis) bezieht: Nicht alle Menschen sind pneumatisch, gnostisch, mystisch, »kosmisch« begabt.
In die Geschichte der alten wie der neuen Gnosis gehört das Christentum mit hinein. Es hat sich nämlich auf doppelte Weise mit der Gnosis eingelassen. Hauptsächlich hat es diese Religion, die damals so neu und aktiv war wie das Christentum selbst, als grassierenden Irrtum und als gefährliche Konkurrenz eingeschätzt und darum leidenschaftlich bestritten. Andererseits und nicht nur in Randgruppen hat es sich aber der großen Faszination der Gnosis weder entziehen können noch wollen und ist, trotz polemischer Distanz, in einige Nähe zu gnostischen Wegen der Theologie geraten. Zweifellos haben sich Überschneidungen ergeben. Es ist darum gar nicht absurd und nicht aus der Luft gegriffen, auch im frühchristlichen Ideengut mit Elementen

esoterisch-gnostischer Qualität zu rechnen, wofür es eine ausgesprochene Vorliebe gibt. Das Christentum hat eine synkretismusfreundliche Geschichte hinter sich, d. h. es hat sich nicht nur abgegrenzt, sondern großzügig auch Elemente der nichtchristlichen Welt entliehen, um sich zu artikulieren. Beide, Christentum und Gnosis, hatten das brennende Interesse am Woher und Wohin des Menschen. Ihre Aussagen dazu liegen zum Teil nicht sehr weit auseinander.

Aber viel typischer als die Überschneidungen ist in der Geschichte von Gnosis und Christentum die gegenseitige Unverträglichkeit gewesen. Gnosis ist nicht Christentum und umgekehrt. Die frühe Kirche hat sich heftig und polemisch abgegrenzt, gegen Verwechslungen mit dieser Religion gekämpft und die Unterschiede immer wieder sorgfältig katalogisiert (umgekehrt gab es gnostische Kirchenkritik). Und bis heute ist es das verbreitete christliche Interesse an der alten Gnosis, ihre fundamentalen »Abweichungen« vom Christentum zu demonstrieren, um mit ihrer Hilfe das unterscheidend Christliche zu profilieren. Das hat heutzutage natürlich nicht den Sinn, die alte Gnosis von ehedem zu kritisieren, sondern offenzulegen, daß man die neue Spiritualität für einen Ableger und für moderne Nachahmung gnostischer Weltdeutung und damit für schon längst erledigt hält. So gibt es also ganz unterschiedliche Bewertungen und Absichten, wenn heute von dieser alten Religion noch oder wieder geredet wird. Und sie ist in den derzeitigen Debatten um die neue Spiritualität, um New Age und Wendezeit, diesem doppelten Zugriff ausgesetzt. Die einen wollen aus ihr übernehmen, sie nachvollziehen und mit ihr konspirieren. Die anderen wollen zeigen, daß sie heute so wenig wie damals als seriöse und haltbare Religiosität in Frage kommt.

Ganz gleichgültig, welcher Meinung man dabei ist, macht dieses neue Interesse es nötig, daß man die alte Gnosis gut genug kennt. Nur dann kann man über Nachvollziehbarkeit, Aktualität und

Legitimität gnostischer Orientierungsmuster reden, und nur so kann man sich ein Urteil bilden über die alten Grenzpflöcke, die bereits in der Frühzeit von Gnosis und Christentum eingerammt wurden. Im Hin und Her zwischen Werbung und Polemik wird oft falsch oder unscharf definiert. Eine klare, exakte Vorstellung von dem, was spätantike Gnosis wirklich und nicht nur vermutungsweise war und wie sich das Frühchristentum darauf einstellte, ist darum von ganz aktuellem Interesse. Es geht immerhin um Daseinsentwürfe, die in unseren Tagen neu belebt werden, um Alternativen zu den geltenden Weltbildern vorzuschlagen. Der Holismus der altgnostischen Kosmologien und Anthropologien z.B. reizt zum Ausgriff heutiger Hoffnung in ähnliche Dimensionen von »Natur« und »Geist«, um der Banalität der hiesigen Existenz zu entkommen. Und der gnostische Dualismus scheint vielen zu brauchbaren Antworten auf noch heute schwierige Fragen (der Theodizee) geeignet, indem er die »Auslassung« ganzer Wirklichkeitsbereiche plausibel macht. Solche Optionen mit der alten Gnosis in Verbindung zu bringen bzw. diese Kombinatorik in den Entwürfen des genannten »Neuen Zeitalters« beurteilen zu können ist nur mit entsprechenden religionsgeschichtlichen Kenntnissen möglich.

Zu den fälligen Überprüfungen gehört es auch, einer bestimmten Vermutung nachzugehen, die das ursprüngliche Verhältnis des Christentums zur Esoterik betrifft. Seit Beginn dieses Jahrhunderts gibt es den Verdacht oder ist man sich sicher, daß die Esoterik zum ursprünglichen Besitz des Christentums gehörte und erst nachträglich mit dem Christentum unverträglich gemacht wurde. Die »Großkirche« hat danach schon in ihrer Frühzeit die Esoterik und deren Denkformen wie Seelenwanderung, Wiedergeburt, Reinkarnation gezielt und erfolgreich unterdrückt, nachdem sie als sogar zentrale Ideen im Christentum beheimatet gewesen waren und nicht etwa bloß marginale

»Entgleisungen« darstellten. Solche Beurteilungen und Vermutungen sind überprüfbar.
Die folgenden Seiten geben eine Skizze dieser Religion Gnosis, die zur Umwelt des entstehenden Christentums gehörte und in ihren späteren Verzweigungen und Mutationen das Christentum auf langen Strecken seiner Geschichte begleitete. In dieser Skizze sind diejenigen Linien stärker ausgezogen, die für den nötigen Durchblick durch die Ideen-Kombinationen der beschriebenen Art wichtig sind. Zunächst aber geht es darin natürlich um die Darstellung des gnostischen Paradigmas als solchen, das schon für sich und bereits ohne die Konfrontation mit dem Christentum und auch ohne die heutige Aktualisierung interessant genug ist. Aber auch die Begegnung von Gnosis und Christentum soll in ihren interessantesten Kontrovers-Punkten illustriert werden. Eine Reihe von Originaltexten kann einen Eindruck vom Ideenreichtum der Gnosis geben und auch die Inhalte, Bilder und Sprachspiele dieser einstmals vitalen Weltreligion an Beispielen zeigen.

I Gnostische Mystik in der Spätantike

1 Gnostische Irritation

Es ist nicht das erste Mal, wenn das Christentum derzeit mit einer esoterischen Religiosität konfrontiert wird. Erinnert man sich weit zurück an die Anfänge seiner Geschichte, dann findet man in christlichen Büchern des 2. bis 5. Jh. die Berichte darüber, daß es damals eine Bewegung gab, die es mit dem Christentum nicht übel meinte, aber noch weniger sich mit ihm begnügen wollte und es letztlich auch als perspektivisch und dimensional viel zu eng nicht recht ernstnehmen konnte. Das ist die Religion Gnosis gewesen, die das dogmatische Kirchenchristentum als unqualifiziert primitiv und von fundamentalen Blindheiten blockiert sah. Die Bischöfe und Theologen reagierten darauf nervös und polemisch. Das Neue, das da auftrat mit dem Anspruch auf tiefere Kenntnis des Zusammenhangs von Mensch, Welt und Zukunft beider, als sie je bis jetzt zugänglich war, – dieses Neue kam nicht aus den Wurzeln, die die Kirche für authentisch hielt. So ziemlich alles an der Gnosis war den Apologeten des Frühchristentums zuwider. Auch heidnische Philosophen attackierten sie scharf und empörten sich über die gnostische Weltanschauung. Es ist typisch für die Gnosis, daß sie alles für ihre Kunde über die großen Zusammenhänge vereinnahmte und in den eigenen Weltentwurf integrierte: philosophische, jüdisch-biblische, christliche, popularreligiöse Traditionen. Der Gnostiker weiß besser als die Eigner dieser Traditionen, was deren Kern und was im übrigen Makulatur ist. Wir wollen diese Auseinandersetzung durchleuchten, nicht ohne an die derzeitige Auseinandersetzung zu denken, die uns näher liegt.

2 Gnosis – eine spätantike Erlösungsreligion

Was also war die Gnosis? Darüber sind viele falsche Meinungen im Umlauf. Gnosis war eine eigenständige Erlösungsreligion der Spätantike. Trotz einer langen und intensiven Forschungsgeschichte gibt es keine Definition dieser Religion, die sich allgemein durchgesetzt hätte. Viele Fragen zur Entstehung, zur Geschichte und zum »Wesen« dieser Religion sind offen, und trotz des Glücksfalls, daß eine große Menge an primären und sekundären Quellen darüber erhalten ist, unlösbar. Als vorerst ausreichend läßt sich aber eine Definition wie die folgende verwenden: Gnosis ist »eine auf hellenistischem Boden gewachsene ... Lehre der Erlösung aus dem Wissen um das Wesen der Welt und des Menschen«[1]. Die Gnosis präsentiert sich uns als ungewöhnlich kompliziert gefächertes Phänomen mit sehr komplexen historischen Ausdifferenzierungen, in vielen Schulen, Richtungen, Gruppen, Gemeinden. Übrigens muß man sie eine Weltreligion nennen, was ich nur mit folgendem erläutern will: Die Quellen, von denen die Rede war, finden sich im Frühjudentum, im Frühchristentum, bei Philosophen wie Plotin, im ägyptischen Wüstensand (also koptisch) und auch in China. Der Höhepunkt der Geschichte war das 2. Jh. n. Chr. Die letzte, äußerst erfolgreiche und zählebige Systembildung der spätantiken Gnosis war im 3. Jh. der Manichäismus, den man zumindest aus der Biographie des Augustin kennt, und Augustins einschlägige Schriften liefern wertvolle Informationen über diese Form der gnostischen

Religion. Eine gnostische Gruppe von ca. 15000 Menschen namens Mandäer (= Wissende, Gnostiker) gibt es noch heute im Irak. Die Gnosis war also, wie das Christentum, eine ausdrückliche Erlösungsreligion, was die Konkurrenzsituation gegenüber dem Christentum verschärfte. Beide boten denselben Menschen das Heil an, meinten aber verschiedene Wege und nicht dasselbe Heil.

Die Entstehung muß man sich kurz vor oder gleichzeitig mit dem Christentum denken, aber unabhängig vom Christentum. »Gnosis minus Christentum ist Gnosis.«[2] Sie war also »da«, ohne daß wir sie religionsgeschichtlich oder anders abzuleiten wüßten. Zur »sozialen Umwelt dieser esoterischen, marginalen und verfemten Gruppen« läßt sich »nicht viel mehr als eine äußerst spekulative Rekonstruktion« liefern[3]. Das paßt zu ihrem Charakter. Wir kennen keinen »Stifter«, aber wir sehen die »Bewegung«, wie man meist sagt. Gnosis ist also nicht eine Häresie des Christentums; darin hat die frühe Kirche sich getäuscht, weil es in dem breiten Spektrum auch christianisierende Gruppen gab, die ihre Bilder, ihre Sprache und Explikationsmodelle der biblisch-christlichen Tradition entlehnten, während andere gnostische Linien, wie gesagt, sich philosophisch, hermetisch, jüdisch usw. artikulierten. Einige gnostische Gruppen sind allerdings möglicherweise tatsächlich als »Häresie« entstanden, d. h. als Abspaltung von einer verbreiteten oder großkirchlichen Orthodoxie, die sie als Substrat gelten ließen, während sie sich unter dem Eindruck dieser neuen Gnosis für ihren Teil entschieden davon distanzierten, um sich selbst anspruchsvoller, eben gnostisch zu definieren. Das ist nicht an konkreten Fällen nachweisbar, wird von manchen Forschern aber angenommen, z. B. für die Valentinianer, eine ganz bedeutsame gnostische »Schule« mit einer orientalischen und einer okzidentalen Traditionslinie[4].

Der Begriff *»Gnosis«* (= Wissen, Erkenntnis, Einsicht), der dieser Religion den Namen gab, an sich eine Allerweltsvokabel, ist für sie die zentrale soteriologische Wertmarke. Wir setzen am besten bei diesem Begriff an. Was weiß der Mensch, der die Gnosis hat? Man liest in gnostischen Originaltexten die Antwort: »Wer so Gnosis hat, weiß, von woher er gekommen ist und wohin er geht. Er weiß wie einer, der betrunken war und aus seiner Trunkenheit nüchtern wurde, der sich sich selbst zuwandte und sein Eigenes in Ordnung brachte«[5]. Man erfährt also: Gnosis ist Selbsterkenntnis (»Ich kenne mich und weiß, von wo ich bin«)[6], zu der es gehört, daß der Gnostiker begreift, daß er hier fremd ist und anderswo seine Heimat hat, die er verlor, aber wieder erreichen wird. Das hat klagende und resignative Züge, aber auch – als Wissen – befreienden Effekt und oft auch eine aufsässige Tonart. »Du warst nicht von hier, und deine Wurzel war nicht von der Welt. Das Haus, in dem du wohntest, dieses Haus hat nicht das Leben gebaut ... Du, verehre und preise den Ort, aus dem du gekommen bist.«[7] Diese Zeugnisse von Selbstdarstellung geben die Erfahrung von Unfreiheit, Beklemmung und Fremdheit in dieser Welt wieder. Ein berühmter gnostischer Text des 2. Jh.s formuliert sie in einer Diktion, die sich modern anhört: »Was befreit ..., ist die Gnosis: wer wir waren, was wir wurden, wo wir waren, wohin wir geworfen wurden, wohin wir eilen, wovon wir erlöst werden, was Geburt ist, was Wiedergeburt.«[8]

Ein hochentwickelter Weltpessimismus begründet das tiefsitzende Unbehagen in und an dieser Welt damit, daß der Mensch an einem uneigentlichen, eingegrenzten Ort festgehalten wird, der ihn unglücklich machen muß, weil er nicht zu ihm gehört. Der Mensch muß zu sich und zu seinem Ursprung zurückkehren. Das gelingt, indem er sich über die irdische Begrenzung seines Daseins erhebt und zur Selbsterinnerung kommt: »Selbsterkenntnis als Selbsterinnerung.«[9] Er muß ganz andere Dimensionen und Zusammenhänge zur Kenntnis nehmen, um sich selbst zu begreifen. Das ist die »Kenntnis (Gnosis) der Überwelt«[10], die das deprimierende Wissen enthält, daß der Mensch aus einer intakten jenseitigen Welt herausgefallen ist, deren Wesen noch in ihm steckt, und zwar in diese Welt von Materie, Leiblichkeit und Finsternis hinein, die als Produkt eines Debakels im Jenseits entstand und den Menschen gefangenhält. Die Gnostiker malen das variantenreich aus und zielen damit auf das Thema der befreienden Entgrenzung des Menschen durch das Wissen um die großen und eigentlichen Zusammenhänge, die nun überblickt werden, während bislang alle in Schlaf, Traum, Leidenschaft, Mangel, Betäubung oder Trunkenheit, den Metaphern für Entfremdung, um ihr Wesen und Schicksal gar nicht wußten. Mit besonderer Prägnanz ist das in der Offenbarungsrede des auferstandenen Jesus an den Apostel Thomas im sog. »Buch des (Athleten) Thomas« formuliert: »Prüfe dich selbst, damit du verstehst, wer du bist, wie du existierst und wie du sein wirst ... Es darf nicht sein, daß du dich selbst nicht kennst. Und ich weiß, daß du verstanden hast, weil du schon verstanden hattest, daß ich die Erkenntnis *(Gnosis)* der Wahrheit bin. Während du mich begleitest, obwohl du nicht begreifst, hast du (in Wirklichkeit) schon zu wissen begonnen, und du wirst genannt werden ›der sich selbst erkennt‹. Denn wer sich selbst nicht erkannt hat, hat nichts erkannt, aber wer sich selbst erkannt hat, hat gleichzeitig Wissen erlangt über die Tiefe des Alls.«[11]

Das ist gnostisch *die* existentielle Grundfrage: Wer bist du? Woher kommst du? Wohin gehst du (zurück)? Die gnostische Religion erhebt in allen ihren diversen Systemen und Mythologien den Anspruch, sie beantwortet zu haben. Durch Wissen wird ein globaler Zustand aufgehoben, rückgängig gemacht, der durch Unwissenheit entstanden und qualifiziert ist (s. u.). Daß die Gnostiker das mit einem extremen Dualismus in der Welt-Interpretation und in Form großer Aggression gegen den Weltschöpfer (der vom obersten Gott unterschieden ist) lösten, ist für unseren Zusammenhang insofern von Belang, als es die große

Entschlossenheit der Gnostiker zum alternativen Entwurf einer Orientierung des Menschen in der Wirklichkeit illustriert. Außerdem ermöglicht der Dualismus es dem Gnostiker, völlig zu recht einen Teil der Wirklichkeit – eben den minderwertigen, nämlich diese Welt – zu ignorieren, ihn in der Erklärung des Wesens von Mensch und All zu vernachlässigen. Die beschwerliche, skandalöse Realität des materiellen Kosmos und der Geschichte in deren absurder Qualität kann er auslassen, als Episode übergehen und metaphysisch annullieren. Er richtet den Blick, die Erinnerung, die Ernüchterung auf die andere, lichte Seite der Wirklichkeit.
Über die gnostische Grundfrage wird der Ausbruch aus diesem Leben unternommen, das als nicht wesentliches oder nicht eigentliches Leben erfahren wird, sondern als Unglück, Begrenztsein, Verfremdung und Unfreiheit. Noch einmal die gnostische Nomenklatur: Das Dasein des Menschen unter den hiesigen Bedingungen ist Betäubung, Trunkenheit, Gefangenschaft, Angst und Wahn, Schlaf, Irren, Vergessenheit, Zersplitterung, Heimweh, Mangel, Leiden. Namentlich das Bild vom »Mangel« *(hysterema)* ist als Metapher für behindertes, verfremdetes, unerträglich eingeengtes Leben ein typischer gnostischer Gegenbegriff. Nachdem der Gnostiker die wahren Verhältnisse, Ursachen und Zusammenhänge erkannt hat, wird er aggressiv gegen die Zwänge und Mächte und revoltiert gegen den Demiurgen, der für das alles verantwortlich ist. Unterwerfung, Geduld und Leiden sind die Tugenden des Gnostikers nicht. Er will und er erlebt Befreiung jetzt – statt des Verlustes, den ein Leben hier bedeutet und gegen den er protestiert.
Da ist eine beträchtliche Frustrationserfahrung etlicher Generationen der damaligen Epoche zu vermuten, die in diese krasse Verweigerung umschlug, für die es solches Echo gab, wie der Ausbreitungserfolg dieser damals neuen Bewegung als Weltreligion es beweist. Eine kollektive Grund- oder Selbsterfahrung negativer Art hat die gnostische Weltauffassung und den zugehö-

rigen Heilsentwurf entstehen lassen. Man hat das »die Daseinshaltung der Gnosis«[12] genannt oder den »hinter den Systemen stehenden transzendentalen weltanschaulichen Impuls«[13]. In der Forschung hat man die Hintergrundsuche aufgenommen und nach den Erfahrungen gefragt, aus denen solche Systeme (ob mythisch oder reflexiv-existentiell artikuliert) entworfen und die gnostischen Bücher, von denen es noch eine ganze Reihe gibt, geschrieben wurden. Man vermutet die Demontage damaliger Hoffnungen in Form nationaler oder wirtschaftlicher Katastrophen oder politischer Entmündigung (der mediterranen Völker durch die Römer), aber auch eine spirituelle Krise der Zeit. Solche Annahmen werden nicht ganz falsch sein, aber sehr weit darf man mit Vermutungen nicht gehen, weil trotz vieler Quellen nichts bekannt ist über die soziale Zugehörigkeit und die religiöse Herkunft der Gnostiker. Alle gnostischen Gruppen haben gemeinsam »die Grundvorstellung vom Dualismus einer dämonisch-bösen Welt und eines fernen, unbekannten transzendenten Gottes, von der Gefangenschaft und dem Ausgeliefertsein des pneumatischen Seelenkerns an die Gewalten dieser Welt, und von der Offenbarung der Transzendenz und dem eschatologischen Aufstieg des ›Selbst‹ zum göttlichen Ursprung.«[14] Und diese rettende Offenbarung ist nichts anderes als der Empfang der Gnosis. Damit sind wir, ausgestattet mit der notwendigsten Kenntnis über diese Religion, bei der Frage nach dem gnostischen Weg und dem gnostischen Heil des Näheren.

3 Das Heil des Menschen – gnostisch

Um zu verstehen, was nun genauer gnostisch als Heil gefunden wurde, halten wir uns an ein paar Aussagenreihen oder Bild-Kombinationen aus der großen Fülle gnostischer Heilsmodelle[15]. Man liest: »Die Gnosis ist die Erlösung des inwendigen Menschen.«[16] Was versteht die Gnosis aber unter Erlösung und inwendigem Menschen? Ein gnostischer Appell will die Richtung angeben: »Unterlasse es, nach Gott und nach der Schöpfung und dergleichen (also: nach etwas außer dir) zu suchen. Suche dich selbst von dir aus . . . du wirst dich selbst in dir finden . . . und du wirst von dir selbst den Ausweg finden.«[17] Um inwendige Selbstfindung geht es also, weil der Mensch sein eigentliches Selbst in sich vergessen hatte. Der »Ausweg« geht nach innen. »Wer sich nicht erkannt hat, hat nichts erkannt. Wer sich aber selbst erkannt hat, hat schon Erkenntnis über die Tiefe des Alls erlangt.«[18] Man kann diesen letzten Satz ohne Bedenken und mit gnostischer Logik umkehren: Wer »die Tiefe des Alls« erkannt hat, hat sich selbst erkannt. Aber das sagt doch noch nicht viel Eindeutiges darüber, was – dem Unheil im gnostischen Begriff entsprechend – nun Heil bedeutet.

Da verspricht mehr die Behauptung der Gnostiker, Auferstehung sei »schon geschehen«[19]. Tatsächlich kommen wir dem Heilsverständnis der Gnosis in dieser Vorstellung näher, aber mit einem überraschenden Ergebnis. Hier zuerst eine recht seltsame Rede von der Auferstehung: »Diejenigen, die sagen: Zuerst wird man sterben und (dann) auferstehen, irren sich. Wenn man nicht bereits bei Lebzeiten die Auferstehung empfängt, wird man auch beim Tod nichts empfangen.«[20] Eine vieldeutige, jedenfalls interessante Auferstehungstheologie: Die Auferstehung geht dem Tod voraus. Das muß so sein, denn eine leibliche Auferstehung kann der Gnostiker von seiner Anthropologie her natürlich nicht meinen[21]. Auferstehung ist ihm die Metapher der Erwekkung aus der Unwissenheit und Vergessenheit, die für den Menschen den wirklichen Tod bedeuten. Im Vorgang der Erwekkung aus dem Todesschlaf erlebt der Gnostiker hier und jetzt Auferstehung, Auferstehung vor dem Tod. Daraufhin hat er seine Heilschance nach dem Tod. Ein Text: »Solange wir in dieser Welt sind, gehört es sich für uns, uns die Auferstehung zu erwerben, damit wir, wenn wir das Fleisch ablegen, in (dem Ort) der Ruhe erfunden werden (und) nicht in der Mitte (dem Zwischenreich) wandeln.«[22] Oder auch so formuliert: Die Seele »empfing das Göttliche vom Vater, um sie neu zu machen, damit man sie wieder an den Ort versetzt, an dem sie von Anfang an weilte: Das ist die Auferstehung von den Toten; das ist die Errettung aus der Gefangenschaft; das ist das Aufsteigen zum Himmel; das ist der Weg, hinauf zum Vater zu gehen«[23]. Also beides ist Auferstehung: Empfang der Gnosis und Rückkehr ins Pleroma.

Diese eigentümlich gnostische Auferstehungsvorstellung ist ungemein verbreitet gewesen. Darum hier noch ein paar Dokumente. »Auferstehung von den Toten ist die Erkenntnis (Gnosis) der von ihnen so genannten Wahrheit«, berichtet Irenäus[24]. Als Empfang der Gnosis ist sie die Rettung aus dem Tod des Nichtwissens jetzt[25]. Nach Hippolyt verbreitete der Diakon Nikolaos aus Apg 6,5 die Lehre, »die Auferstehung sei bereits geschehen, wobei er unter Auferstehung dies verstand, daß wir an Christus glauben und die Waschung (der Taufe) empfangen, eine Auferstehung des Fleisches aber bestritt«[26]. Oder noch einmal anders im sog. Rheginos-Brief »Über die Auferstehung«[27]: »Komme weg von den Trennungen und den Banden, und schon hast du die Auferstehung . . . weshalb siehst du dich nicht selbst als auferstanden, und du wirst dazu gebracht?«[28] Diese Lehre, besser: dieser Impetus kommt auch in der »verkirchlichten« Version vor, daß der Gnostiker die Auferstehung durch Anschluß an die gnostische Gemeinde (in der Taufe) erfährt und folglich nicht mehr stirbt: »Menander sagt ... daß seine Schüler die Auferstehung durch die Taufe auf ihn empfangen und fürder nicht sterben können, sondern fortdauern, nicht alternd und unsterblich.«[29] Man bekommt einen Eindruck von der gnostischen Wichtigkeit dieses Symbols »Auferstehung«. Bezeichnend ist an der gnostischen Auferstehung, daß der Mensch jetzt und hier in diesem Sinn auferstanden ist. Mit der Überzeugung vom Besitz des Durchblicks, der jetzt schon hilft, erlöst, erleuchtet, verbindet sich die Selbstsicherheit der Seele in dieser Welt trotz aller Misere und Klageführung. An der Auferstehung soll man nicht zweifeln. »Was ist die Auferstehung? Sie ist das fortwährende Sichtbarwerden derer, die (schon jetzt) auferstanden sind ... Sie ist keine Illusion, sondern sie ist Wahrheit. Eher noch ist es angebracht zu sagen, daß die Welt eine Illusion ist, eher als die Auferstehung.«[30] Die Auferstehung ist also wirklicher als der materielle Kosmos.

In diesen Erklärungen der Auferstehung ist das typisch gnostische Heilsverständnis klassisch illustriert: Der Gnostiker ist durch die Gnosis schon ein Erlöster; die Gnosis deckt alles wahrhaft auf, und das bedeutet Heil. Aber ein *Eschaton*, die totale Veränderung zugunsten des gefangenen Menschen, gibt es auch: Der Seelenaufstieg am Ende realisiert, was jetzt schon ist. Die gnostische Eschatologie ist ein schwieriges Kapitel für sich. Was für unseren Interessenzusammenhang daran aber wissenswert ist, liegt in einem originellen Ineinander von Individual-Eschatologie und Universal-Eschatologie. Das muß ich illustrieren.

Gnosis ist Erlösung. Erlösung ist Wiederherstellung des ursprünglichen glücklichen Status. Aber nicht nur des Menschen. Am Beginn von Kosmos und kosmischem Prozeß steht ein Irrtum, ein Mangel, ein hybrides Begehren, das zum Unfall der Kosmos-Entstehung führte. Das individuelle Wiedererwachen des Menschen aus diesem Debakel durch Gnosis ist nun folgerichtig nicht nur sein Heil, sondern ein Stück Umkehrung des umfassenden unseligen Ablaufs von Verblendung, Vergessenheit, Mangel. Wenn der einzelne Gnosis empfängt und dann erkennt, woher er ist usw., dann ist das ein Stück des gesamtkosmischen Prozesses, also von universalem Belang. Kosmos und Individuum erklären sich in ihrem Zustand und Schicksal gegenseitig. In den beiden für die Gnosis repräsentativen Systemen des Valentinianismus (2. Jh.) und Manichäismus (3. Jh.) ist das ein wichtiges Konstruktionselement der gesamten Anthropologie, Welterklärung und Heilslehre. So im (valentinianischen) »Evangelium der Wahrheit«. Das Denken, das da begegnet, ist eine fremde Welt für den Heutigen. In diesem Text ist aber die Rede heilsbedürftiger Menschen vom Heil, wie sie es ersehnen und für möglich halten. Man achte darauf, wie sich die universale, makrokosmische Perspektive dieser Rede und die individuelle ineinanderschieben. Schicksal und Chance des Einzelmenschen sind verzahnt bzw. laufen gleichartig ab mit dem Schicksal des Kosmos: »Da der Mangel entstanden ist, weil sie (= die Licht-Ichs der Gnostiker zusammen mit allen Äonen) den Vater nicht kannten, wird dann, wenn sie den Vater erkennen, der Mangel von diesem Augenblick an nicht mehr bestehen. So löst sich durch die Erkenntnis eines Menschen, dann wenn er erkennt, seine Unwissenheit von selbst auf. Wie die Finsternis sich auflöst, wenn das Licht erscheint, so löst sich auch der Mangel in der Vollendung auf ... Aus der Einheit wird jeder einzelne sich empfangen. In Erkenntnis wird er sich reinigen aus einer Vielzahl von Arten hinein in eine Einheit, während er die Materie in sich verschlingt wie Feuer und die Finsternis durch Licht, den Tod durch Leben.«[31]

Die Christen (Kirchenväter) haben den Gnostikern damals vorgerechnet, daß das eine nicht ernstzunehmende Heils-Automatik sei, daß der Mensch aufgrund des Lichtfunkens bzw. der pneumatischen Substanz, die er als Teil der anderen, eigentlichen

Welt in sich hat, zum Heil kommt auf Gnosis hin. Denn er werde ja notwendigerweise gerettet und er komme zwangsläufig ins Pleroma zurück zu dessen eschatologischer Selbstergänzung. Die Gnostiker seien »von Natur aus Erlöste«. Durch die Nag Hammadi-Texte weiß man es heute besser. Die Erlösung, die dem Gnostiker von Natur zukommt (soweit ist das richtig), wird von ihm zugleich erworben, d. h. er muß die erlösende Gnosis leben. Es gibt Erziehung, rechtes Verhalten, kurz: die subjektive Übereinstimmung des Gnostikers mit seiner vorgegebenen Natur, die gut ist. Zwei Originaltexte auch dazu: »Denn jeder wird durch seine Handlung *(Praxis)* und seine Erkenntnis *(Gnosis)* seine Natur *(Physis)* offenbaren.«[32] Und das gnostische Beten hört sich so an: »laß mich nie von der Gnosis, die unserem Wesen entspricht, abfallen.«[33] Physis, Gnosis und Praxis stehen nicht in Konkurrenz, sondern harmonieren im Gnostiker.

Es zeigte sich eben, daß die gnostische Welt-Anschauung und welt-negative Orientierung die Leiblichkeit und Geschlechtlichkeit des Menschen äußerst problematisch machen. Dem wollen wir noch kurz nachgehen, um nach Mann und Frau im gnostischen Vergleich zu fragen. Über die Wertstellung der Frau gewinnt man aus den gnostischen Quellen kein einheitliches Bild. Im Grundriß der gnostischen Mythologie gibt es zwar keine geschlechter-spezifische Differenz: In einem Teil der Weltentstehungslehren ist ein männliches Prinzip Auslöser oder Betroffener des Falls aus der oberen besseren Welt, in einem anderen Teil ist es »gleichberechtigt« ein weibliches. Aber ebenfalls auf der mythologischen Ebene ist die Zweigeschlechtlichkeit ein Symptom für den üblen Zustand der hiesigen unteren Welt, der es an Einheit fehlt und deren Trennungen (auch die zwischen Mann und Frau) es im Pleroma, d. h. im Idealzustand, nicht gibt. Zum gnostischen Heil des Menschen muß eine Aufhebung seiner Geschlechtlichkeit gehören, wie das Pleroma von Paargestalten (Syzygien) bevölkert ist, in denen beide Geschlechter jeweils aufgehoben sind. Und das geht faktisch zu Lasten der Frau: Sie wird entweder für die Trennung verantwortlich gemacht[34] oder ist jedenfalls deren Ursache oder das Nachteilige daran. Außerdem kommen im Zusammenhang gnostischer Askese Verteufelungen der Frau und Deklassierung der Ehe vor. Soweit unterscheidet sich das nicht von den verbreiteten altkirchlichen Bewertungen von Frau und Ehe. Anders (allerdings auch nur graduell) scheint es mit der Aktivität oder Beteiligung der Frauen im gnostischen Gruppen- oder Gemeindeleben gewesen zu sein. Hier scheint es stärker und länger als in der frühkirchlichen Praxis die Ausführung verschiedener Funktionen durch Frauen gegeben zu haben (Leitung, Prophetie, Lehre, Taufe, Eucharistie). Genaueres zu sagen ist nicht möglich, weil die einzelnen Informationen aus Texten immer nur partiell gelten und kirchliche oder kirchenähnliche Strukturen generell nicht für die Gnosis als ganze angenommen werden können. Ob die zahlenmäßig offenbar hohe Präsenz von Frauen in gnostischen Kreisen auf einen Freiraum schließen läßt, den sie dort im Unterschied zum kirchlichen Milieu hatten, muß ganz offenbleiben. Ideologisch (d. h. im gnostischen Mythos und den zugehörigen moralischen Vorstellungen) sind die Frauen letztlich nicht besser gestellt gewesen als außerhalb der Gnosis und frühkirchlich. Eine entschieden andere Option der Gnosis diesbezüglich läßt sich nicht ausmachen[35].

4 Der Erlöser – gnostisch

Ist das nun eine Religion der Selbsterlösung? Anders gefragt: Gibt es einen gnostischen Erlöser? Die religionsgeschichtliche Forschung bejaht diese zweite Frage heute ohne Zögern positiv, während sie lange der Meinung gewesen war, eine Erlösergestalt sei in gnostischen Entwürfen auf jeden Fall sekundär, nämlich vom Christentum herübergenommen. »Die gnostische Weltsicht verlangt regelrecht eine ›Offenbarung‹, die von außerhalb des Kosmos stammt und die Möglichkeit der Rettung aufzeigt denn von sich aus kann sich der Mensch aus seinem Gefängnis, in dem er sich nach dieser Religion befindet, nicht befreien.«[36]

Die schlichteste Version der Kunde von »außen« und sozusagen die Urform der Idee des Erlösers oder Befreiers oder Boten ist die einfache Rede von einem Ruf, der den Menschen in seinem Zustand absoluter Wahrnehmungsunfähigkeit trifft und »weckt« und in Kenntnis über sein Unheil setzt und so erlöst. Ein Text mit dieser Erlöser-Metapher »Ruf«: »Folglich ist einer, wenn er erkennt, ein Wesen von oben. Wenn man ihn ruft, hört er. Er antwortet. Er wendet sich zu dem, der ihn ruft, und er geht hierauf zu ihm. Er erkennt, wie man ihn ruft. Da er Erkenntnis hat, führt er den Willen dessen aus, der ihn gerufen hat.«[37] Oder kürzer: »Du könntest gar nicht einsehen, was du leidest, wenn ich dir nicht als Wort *(Logos)* vom Vater gesandt wäre.«[38] Ruf oder Wort: es gibt die entscheidende Mitteilung des transzendenten Gottes an den kosmos-verstrickten Menschen. Und der Ruf kommt aus einem schlechthin anderen »Raum«; die armseligen Abmessungen der choischen (=irdischen) Existenz sprengt er mit seiner Akustik, mit der er die Seele in die Harmonie mit der geistigen Welt ihrer Herkunft versetzt.

Die Vorstellung vom Ruf ist in anderen Systemen ausgebaut bis zur anschaulich geschilderten Erlösergestalt. Und dabei ergibt sich eine interessante Konstellation. Erlöser und Erlöste stammen aus derselben Transzendenz, sind Lichtteile aus der Lichtwelt, im Wesen also identisch. Und da gibt es die Vorstellung, daß der Erlöser, um die Seelen durch Gnosis zu befreien, hinabsteigt und vorübergehend das Schicksal der Seelen in der Gefangenschaft teilt. Ein Text: Der Offenbarer, »der zu einem

Ort der Erlösung für das All gesetzt wurde, hat die Erlösung auch selbst benötigt, indem er Mensch geworden war«[39]. Durch diese Vorstellung der identischen Natur sind Erlöser und zu-Erlösender sehr nahe beieinander und oft schwer unterscheidbar. Unter den vielen gnostischen Erlöser-Mythen gibt es auch den vom »erlösten Erlöser« (im Manichäismus). Ich gehe nicht darauf ein, sondern stattdessen auf die stärker interessierende Tatsache, daß christianisierende gnostische Gruppen den Erlöser natürlich Christus nannten.

5 Jesus (Christus) – gnostisch

Das »Evangelium der Wahrheit« z. B. spricht in bestechender Weise von ihm. Man muß die gnostisch-gnoseologische Qualität dieser Christologie und der Heilsvorstellung beachten, die mit ihr verbunden ist: Jesus Christus erleuchtet in der Finsternis der Vergessenheit, tauscht Wahrheit gegen Irrtum ein, und zwar am Kreuz, das hier der Baum mit der Frucht Erkenntnis ist. Und diese Frucht ist – gegen Gen 3 – Heil: »Das ist das Evangelium dessen, nach dem man sucht (des Vaters), das er (sc. Jesus) offenbart hat den Vollkommenen durch die Barmherzigkeit des Vaters (als) das verborgene Mysterium, er, Jesus Christus. Damit erleuchtete er die, die in der Finsternis sind aufgrund der Vergessenheit. Er erleuchtete sie. Er gab (ihnen) einen Weg. Dieser Weg aber ist die Wahrheit, über die er sie belehrte. Deswegen war die *Plane* (der Irrtum) über ihn zornig ... Sie war zunichte gemacht (sc. durch ihn). Man nagelte ihn an ein Holz (= Baum). Er wurde zu einer Frucht der Erkenntnis des Vaters, die aber nicht zugrunde richtete, weil (wenn) man sie aß. Die aber, die sie aßen, denen gab er (Christus), daß sie in Freude waren über das Finden.«[40]

»Er (Jesus) brachte viele aus dem Irrtum zurück, zog vor ihnen her bis zu ihren Räumen, aus denen sie sich entfernt hatten, als sie den Irrtum empfangen hatten.«[41] »Er wurde ein Weg für die, die irregeführt wurden, und eine Erkenntnis für die, die unwissend sind.«[42] – Das also ist gnostisch der Christus und die Erlösung durch ihn. Das wird in vielen Varianten erzählt, auch im Bild von der Auferstehung, die »durch unseren Herrn, den Retter Jesus Christus, Wirklichkeit geworden ist«[43]. Und das »Evangelium nach Thomas«[44] ist mit seinen mehr als 100 Jesus-Logien nichts anderes als eine besonders inhaltsreiche Wiedergabe des erlösenden Wissens, das dieser Retter brachte. Aber das sind Texte christianisierender Gnostiker. Gnosis braucht diese biblisch-kirchliche Erlösergestalt nicht, sie kann aber darauf zurückgreifen, oft genug erst sekundär. Durch solche Ausleihen wurde natürlich das kirchliche Christentum zur Stellungnahme provoziert, und die gnostische Religion bekam das Aussehen eines häretischen Ablegers des Christentums, – weit davon entfernt, dies wirklich zu sein. Die Konfrontationen kamen aber nicht von ungefähr.

Eines ist an dieser Stelle bemerkenswert: Selbst da, wo Jesus Christus der Erlöser ist, bleibt die gnostische Erlösungsrede, verglichen mit der christlichen, relativ monoton und inhaltsarm, was die Beschreibung der Wirkungen betrifft. Die Gnosis, scheint mir, braucht nicht mehr als ihre Rede von Gnosis (Erkennen, Wissen als Wiedererkennen und Erinnern). Mit der Metapher Gnosis hat diese Religion »alles« gesagt. In ihr ist die gesamte Dynamik und Sehnsucht, aber auch der Protest und die alternative Option eingefangen. Gnosis steht für das andere, neu entdeckte Lebensgefühl, die weit größere Perspektive, die Entgrenzung, die befreiend erlebt wird, indem nämlich die Seele, das innere Ich des Gnostikers, sich in einer gigantischen Geographie von Fall, Gefangenschaft und neuer Existenz erlebt. Und wie erlebt sie das? Durch die Reise nach innen. Die mythischen und symbolischen Staffagen, in denen das gebracht wird, sind sekundär. Die Sprache der Kirche ist, wo es um Heil und Erlösung geht, damals gleichzeitig und vergleichsweise sehr dogmatisch, d. h. an Vollständigkeit und Korrektheit interessiert gewesen. Darauf will ich noch zurückkommen, aber an dieser Stelle doch darauf aufmerksam machen, wie die gnostische Rede dieselbe bleibt, wo sie die Erlösergestalt des Christentums einführt. Die Gnosis verändert sich nicht durch diese parasitäre Einnistung in die biblisch-christliche Überlieferung, in die noch weitere Motive und Stoffe aus dieser Tradition einbezogen werden. Aber sie verändert umgekehrt ihrerseits die amalgamierten Elemente. Das muß ich in Kürze zeigen.

Ein erstes Beispiel ist dafür der Vorgang, daß Christus in die gnostische Gestalt vom erlösten Erlöser überführt wird. Er ist dem Wesen nach identisch mit den Seelen oder Lichtteilen und erleidet durch Abstieg und Rückkehr dasselbe befreiende Schicksal wie sie[45]. Ein paar exemplarische Texte zeigen das: »Auch Jesus brauchte die Erlösung, damit er nicht von der Einsicht *(Ennoia)* des Mangels, in die er versetzt war, zurückgehalten werde, (zur Erlösung) geführt durch die Weisheit *(Sophia)*.«[46] Oder: »Auch er (Christus) selbst, der Sohn, der zu einem Ort der Erlösung für das All gesetzt wurde, hat die Erlösung selbst auch benötigt, indem er Mensch geworden war.«[47] Solche Christologie vom »erlösten Erlöser« stellt die Vernetzung des (gnostischen) Menschen mit der erlösenden Substanz im All her, mit den kosmischen Räumen von Heil und Verderben, mit dem, was – wie das Wesen des Menschen selbst – von einem qualitativ größeren Jenseits her auf ihn zukommt. Der biblische Jesus oder Christus ist das nicht mehr.

Eine andere Veränderung, die die Gnosis mit ihm vornimmt, ist die krasse Teilung seiner Gestalt in zwei (nicht nur Funktionen, sondern) Gestalten, nämlich den irdischen Jesus und den himmlischen Christus. Das ist ein kompliziertes gnostisches Theologumenon[48], zu dem ich nur sagen will, daß es hervorragend dazu geeignet war, die Christusgestalt des mythischen Apparats der Gnosis nicht mit den trivial sarkischen Zügen des irdischen Jesus der biblischen Tradition zu belasten, aber andererseits auch nicht diesen Jesus ignorieren zu müssen. Jesus ist die vorübergehende sarkische Erscheinung oder das sichtbare Kleid des himmlischen Christus. Der biblische Jesus Christus ist auch das nicht mehr.

Eine dritte Veränderung des christlichen Erlösers durch die Gnosis wird in den Darstellungen meistens übertrieben. Es wird in der Fachliteratur in der Regel behauptet, das gnostische Christusbild sei aufgrund des gnostischen Dualismus immer und zwingend doketistisch gewesen. Dieser Term »doketistisch« besagt, daß es bloß so »schien«, bloß so aussah, als sei Christus Mensch und Fleisch geworden, während es in Wirklichkeit nicht so war. Ein schönes Beispiel dafür bietet der Gnostiker Basilides im 2. Jh. »Christus . . . erschien . . . auf der Erde als Mensch . . . Er hat nicht gelitten, sondern ein gewisser Simon von Cyrene, den man gezwungen hatte, für ihn das Kreuz zu tragen. Und dieser wurde unwissentlich und irrtümlich gekreuzigt, indem er von ihm (Jesus) verwandelt (transfiguratum) worden war, so daß man meinte, er sei Jesus; Jesus selbst aber hatte die Gestalt des Simon angenommen, stand dabei und lachte sie (sc. die Engel des Judengottes, die ihn töten wollten) aus. Weil er nämlich die körperlose Kraft war . . ., konnte er sich verwandeln, wie er wollte, und so stieg er zu dem auf, der ihn gesandt hatte, und verhöhnte die (Engel), weil er (von ihnen) nicht festgehalten werden konnte und für alle unsichtbar war.«[49] Hier sah es also tatsächlich nur so aus, als habe Jesus gelitten. Er wechselt das Fleisch, vertauscht die Gestalt, die von Haus aus nicht zu ihm gehört, nach Belieben. Solche Christologie gab es also in der Gnosis, aber auch anderswo. Und vor allem: Es gibt in der Gnosis nachweislich auch nicht-doketistische Christologie. Ein Text aus dem Evangelium der Wahrheit: »Er kam nämlich heraus (aus der oberen Welt) mittels einer Fleischesgestalt.«[50] Das ist undoketistisch[51]: Er kam wirklich »mittels« einer Fleischesgestalt, – das sah nicht bloß so aus. Es gibt weitere Beispiele dafür[52]. Besonders eindeutig ist der Traktat »Melchisedek«, wo man liest: »(Es) werden Leute auftreten in seinem (Jesu) Namen und (über ihn) sagen: Er ist ungeboren, – wo er doch geboren ist; er ißt nicht, – wo er doch ißt; er trinkt nicht, – wo er doch trinkt; er ist unbeschnitten, – wo er doch beschnitten ist; er ist unfleischlich, – wo er doch ins Fleisch gekommen ist; er hat sich nicht dem Leiden unterworfen, – wo er sich doch dem Leiden unterworfen hat; er ist nicht auferstanden von den Toten, – wo er doch auferstanden ist von den Toten.«[53] Wer nicht weiß, wo dieser Text steht, muß meinen, einen großkirchlichen ketzerpolemischen Text vor sich zu haben. Dieser gnostische Traktat polemisiert in einer Art und Schärfe gegen ein doketistisches Christusbild, wie es die kirchlichen Häresiologen nicht besser machen konnten. Gnosis und Doketismus sind zweierlei. Sie können zusammenfallen, müssen es aber nicht.

Wir machen hier einen Schnitt. Die wichtigsten, bezeichnendsten Inhalte und Konturen dieser Religion Gnosis sind genannt. Jetzt ist interessant die Reaktion der Kirche darauf und das Echo bei den Christen.

Zwei bedenkenswerte Eindrücke gewinnt derjenige, der heute original-gnostische Texte der Spätantike liest. Da ist einmal die Verwunderung darüber, wie dort in einem sehr unbeschwerten Stil ein mögliches Heil hier angesagt wird. Die Befreiung von Zwängen, Mangel, Fremdheit, Begrenzung usw., die Möglichkeit des Besseren und des Glücks jetzt und hier, und zwar aufgrund von generellem Wissen, spezieller Information, entschlossener Versenkung in sich selbst und in den Kosmos, eben Gnosis, kurz: die Erreichbarkeit einer »Auferstehung« im gnostischen Sinn, d. h. einer anderen Existenz, eines Raumes der Fülle (Pleroma) in dieser Welt wird auf eine verwunderlich abstrakte Art beteuert. Das Abstrakte daran kann man auch das Unpolitische nennen in dem Sinn, daß hier der Widerstand, den die Bedingungen der menschlichen Existenz setzen, übersehen oder verharmlost bleibt. Vor dem Hintergrund der faktischen Stärke der widerständigen Realitäten, die den Menschen sich selbst entfremden, wie das schon die spätantike Gnosis sah, fällt an den Beteuerungen der neuen Chance durch gnostische Lehrer doch sehr der unpolitische Charakter auf. So lebt die Religion Gnosis aus ihrer Aufsässigkeit gegen die Realität, wie sie ist. Sie verweigert die Einwilligung in die Zustände und die Zustimmung zu diesem Mangel und diesem Leiden. Sie tut dies alles aber so, daß sie den pneumatischen, also den der gnostischen Erlösung fähigen Menschen (und das ist nicht jeder), seinem eigentlichen Selbst nach sozusagen »auslagert« aus dieser Welt in eine transzendente Geographie oder Sphäre. Der Gnostiker nimmt sich im Grund von den Bedingungen des Daseins aus und versetzt sich in die tragenden Zusammenhänge einer anderen, geistigen Welt. Es geht der Gnosis »in letzter Konsequenz um die Integrität des von der Welt beschmutzten Menschen . . ., nicht jedoch um Schuld und Sühne, um Schuld und Vergebung«[54].

Der zweite Eindruck auf den Leser dieser gnostischen und esoterischen Texte ist der einer großen Konspiration unter den Eingeweihten und den potentiellen Mysten im Medium ihrer Expertensprache. Das neue Wissen und Bewußtsein ist eine Verschwörung gegen diese Welt, wie sie ist. Und die Rückkehr der vielen zerstreuten Lichtteile, die im gnostischen Mythos durch Gnosis aus dem unglücklichen Exil in dieser Welt befreit und ins Pleroma, in die Fülle zurückversammelt werden, um (wieder) eins zu sein mit der »eigentlichen« Welt, ist das Bild für die schon jetzt geltende Vernetzung aller Wissenden miteinander und aller Räume des neuen, esoterischen Bewußtseins.

II Die Gnosis als Ketzerei und Faszination für das frühe Christentum

Es gab in der frühen Kirche eine doppelte Reaktion auf diese Religion Gnosis: Ablehnung als Ketzerei und Faszination. Ich beginne mit der ersten, obwohl man – gerade im Zusammenhang des aktuellen, heutigen Interesses an der Sache – beide immer gleichzeitig registrieren sollte. Die Verantwortlichen, also die Bischöfe, Lehrer, Theologen, waren äußerst beunruhigt über das Auftreten der »fälschlich sogenannten (pseudonymen) Gnosis«, wie sie mit Deutero-Paulus 1 Tim 6,20 sagten, und alarmierten die Gemeinden. Ganz anders die Gemeinden selbst oder Teile der Gemeinden (geographisch sehr verschieden). Sie waren von der Gnosis u.U. fasziniert und durchaus verführbar. Für sie war das weniger ein intellektuelles und doktrinäres Thema, als eine Frage der größeren Attraktivität. Sie kannten in ihrer Umgebung gnostische Gruppen, Zirkel, Gemeinden. Diese Gruppen boten, wie die frühkatholischen Kirchengemeinden des 2. Jh., die Möglichkeit religiösen Lebens unter Anschluß an eine spirituell hochkarätige Gemeinschaft (wir kennen Hymnen, Lieder, Psalmen, Gebete von Gnostikern, deren Sprache und Dichte sehr eindrucksvoll sind). Für viele Christen des durchschnittlichen Gemeindemilieus waren sie offenbar leicht mit christlichen Gemeinden zu verwechseln. Die Leute an der Rhone, in Nordafrika, auf Zypern oder in Alexandrien hatten zudem keineswegs von vornherein das Orthodoxie-Interesse und die Antipathie gegen die Gnosis, die ihre Kirchenführer sich bei ihnen wünschten und mit unterschiedlichem Erfolg in ihren Köpfen zu erzeugen versuchten – durch Belehrung und Frageverbot[55]. Sie suchten und wollten schlicht eine Erlösungsreligion, die ihnen bleibendes Leben und Heil sicherstellte. Und da war die Gnosis eine gefährliche Konkurrenz zur Kirche durch mancherlei. Der konspirative, mystagogische Duktus gnostischer Belehrung etwa, den das Frühchristentum in manchen Zusammenhängen wie der Taufspendung zwar auch kannte, war wahrscheinlich faszinierender als der durchweg dogmatisch-moralische Anspruch der Kirche. Der schon realisierte Besitz von Heil als Gnosis kürzte den kirchlichen Weg über lebenslange Bewährung auf verführerische Weise ab. Gnostische Predigt lockte mit Gnosis, während man in der Kirche »bloß den Glauben« (s. u.) hatte. Freiheit und Autorität wurden in den gnostischen Gruppen direkter soteriologisch begriffen und weniger disziplinarisch gehandhabt als in der Kirche, was wiederum Abwerbungen ermöglichen konnte, wie übrigens auch die gnostisch rabiate Lösung des Theodizee-Problems. Es gab also durchaus Motive für ein Überwechseln zur Gnosis, die für den zeitgenössischen Kirchenchristen zum entsprechenden Entschluß ausreichten. Dazu zählen auch alle Ähnlichkeiten oder »Nachäffungen« (wie die Kirchenväter sagten) der Kirche durch die Gnostiker. Und ein Teil der Konversionen von der Kirche zur Gnosis ist mit Sicherheit so zu beurteilen, daß die Leute die Unterschiede gar nicht kannten und ausmachen konnten.

1 Gnosis als Ketzerei

Diese Eindrücke gewinnt man, wenn man die Schriften der Polemiker unter den Kirchenvätern der Zeit liest. Das sind von den uns bekannten hauptsächlich Justin, Irenäus, Tertullian und Hippolyt, alle in der zweiten Hälfte des 2. Jh. bis Anfang 3. Jh. Sie haben sich ausführlich kundig gemacht in den komplizierten gnostischen Lehrsystemen, – zwar mit negativen Vorurteilen, aber in der Wiedergabe doch weitgehend korrekt, wie eine Gegenprobe beweist, die inzwischen durch die Nag Hammadi-Funde von gnostischen Originalquellen besser möglich ist als bisher. Auch ihre Reduktion der komplexen Kosmogonie und Mythologie der Gnostiker auf einige wenige Grundpositionen (Grundirrtümer, sagen die Kirchenväter) ist in der Regel gelungen. Ihre erste Sorge war, die Gnosis inhaltlich zu beschreiben, um sie widersprüchlich, grotesk, eben »falsch« aussehen zu lassen und als völlig unannehmbar gegen das Christentum deutlich abzugrenzen. Im ganzen und einzelnen ist alles daran törichte, schlimmer: heilsgefährliche Erfindung statt Wahrheit. Gnosis ist Falschlehre, also Häresie. Unter Androhung des Heilsverlusts warnen die Kirchenmänner darum potentielle Überläufer vor der Konversion zur Gnosis. Man findet dort nicht, was versprochen wird.

Man wies die neue Religion also als neue *Lehre* zurück, die mit den biblischen Grundrissen unverträglich ist, d. h. man reagierte dogmatisch. Man stellte Lehre gegen Lehre und befand über Wahrheit und Irrtum durch Vergleich. Worin sahen die Kirchenväter die zentralen Differenzen? Ich deute einige an, mit denen die weiteren Weichen gestellt waren[56]. Zum Schlimmsten gehört ihr Dualismus im Gottesbild. Das Heil erwartet der Gnostiker sich vom streng transzendent gedachten obersten Gott, während der Gott dieser Welt, der Schöpfer oder Demiurg, eine minderwertige Größe darstellt und mitsamt seinem mißratenen Produkt Welt vom Gnostiker verachtet wird – als Mitverursacher seiner Leidens-Existenz. Schändlicherweise verachten die Gnostiker die Welt als Schöpfung, von der Gott selbst gesagt hat, daß sie »sehr gut« sei[57]. Man kann sich leicht vorstellen, wie bestürzt die kirchlichen Lehrer darauf reagierten, und mit großer Unermüdlichkeit haben sie aus Bibel und Vernunft wieder und wieder die Existenz eines einzigen Gottes bewiesen, der die Schöpfung gemacht hat und das Heil wirkt.

Die Christologie war aus kirchlicher Perspektive ebensowenig korrekt. Die Gnostiker haben einfach in allem falsche Vorstellungen, weil sie aus den falschen Quellen schöpfen. Statt bei Jesus und den Aposteln die Wahrheit zu holen, reden sie esoterisch von exklusiven, geheimen Überlieferungen, die nur sie allein kennen, besitzen, verstehen und für andere öffnen können. Auf derlei Ideen reagierten die Kirchenmänner besonders allergisch. Gottes Kunde vom Heil, das Heil selbst ist für alle, ist öffentlich und schafft keine Unterschiede zwischen den Menschen. Auch die Teilung des Erlösers in Christus und Jesus (s. o.) wurde ihnen schwer verübelt. Die Gnostiker treiben auch einen ganz undiskutablen Umgang mit der Bibel. Sie interpretieren sie mit großer Willkür und hundertprozentiger Fehlerquote – so die kirchlichen Ketzerpolemiker, die an diesem Punkt allerdings Probleme mit ihren eigenen hermeneutischen Prinzipien bekamen, nach denen auch sie die Bibel allegorisch lasen und Vieldeutigkeiten oder Verständnisschwierigkeiten im Text konzedieren mußten.

Unter allen falschen Vorstellungen ist das gnostische Menschenbild besonders folgenreich. Der Gnostiker will als Vollkommener die Tiefen Gottes erforscht haben, d. h. die Kenntnis der gesamten Wirklichkeit, aller Dimensionen der Welten besitzen. Die angemaßte Kompetenz, mit der hier über Gott, Mensch und Welt geredet wird, und das autonome Denken, das einen neuen Gott »einzuführen« wagt, hat – so die kirchliche Reaktion – völlig vergessen, daß unser Erkennen Stückwerk ist. Die Gnostiker mißbrauchen die Offenbarung und verkleinern Gott. Seitens der Kirche werden ihnen zwei Limits gesetzt: Erstens kann der Mensch als Geschöpf nicht alles wissen und erkennen. Zweitens hat Gott in Sachen Heil und Zukunft nicht mehr und auch nicht weniger von sich zu erkennen gegeben, als der Mensch zum Heil braucht. D. h. für den gnostischen Wissensanspruch fehlt prinzipiell jede Grundlage. Die Auseinandersetzung geht letztlich um das Menschenbild, alles andere ist Explikation. Dem gnostischen Anspruch wird kirchlich ein Ideal menschlicher Selbstbescheidung entgegengesetzt, die heilsamer sei als gnostischer Wissensdrang. Ein Beispiel zur Übermittlung der Tonart: »Sollte einer nicht die Ursache von allem, wonach man sucht, finden, so soll er bedenken, daß er ein Mensch ist, unendlich kleiner als Gott, und der stückweise die Gnade empfangen hat und . . . die Erfahrung und Einsicht von allem nicht haben kann wie Gott . . . Denn nicht unerschaffen bist du, Mensch, und hast nicht von Ewigkeit mit Gott gelebt, wie sein eigenes Wort (Logos). Aber wegen seiner überragenden Güte hast du jetzt deinen Anfang genommen und lernst nach und nach vom Logos das Heilswirken Gottes, der dich schuf.«[58]

Diese Einstellung, solche Spiritualität und Selbstbescheidung ist für den Gnostiker ganz unerträglich. Er ist aus der oberen Welt, daher zu anderer Gnosis begabt und gegen diese Abhängigkeiten und Begrenzungen, die die Kirche ihm auferlegen will, völlig unzugänglich. Solchen Ratgebern wie Irenäus ist er zudem qualitativ überlegen. Sarkiker, Psychiker, Ekklesiastiker, wie er die nichtgnostischen Menschen nennt, mögen so reden. Für den Pneumatiker wäre abgebrochene Gnosis-Suche, begrenztes Wissenwollen die kapitale Sünde.

An dieser Stelle ist der Hinweis sinnvoll, daß die Gnostiker mit ihrem besonderen, neuartigen Stil, von (heilsrelevanter) Erkenntnis zu reden und sie exklusiv für sich zu reklamieren, nicht nur gegenüber den Kirchenchristen einen tiefen Graben auswarfen. Diese Art von erkenntnistheoretischer Leichtigkeit und selbstsicherer Wahrheitsbehauptung bedeutete auch das Ende des Gesprächs mit der heidnischen Philosophie. Die Philosophie suchte die Wahrheit im angestrengten Diskurs, in der Orientierung an alten Traditionen des Denkens und Fragens. Der (Neu-) Platoniker Plotin hat im 3. Jahrhundert in Rom mit Gnostikern kontrovers diskutiert und dabei aus seiner Perspektive die Erfahrung gemacht, die er ironisch im Stil, aber sehr ernst im Verdikt, so formulierte: »Wer sich rühmt zu haben, hat nicht darum schon, wessen er sich rühmt, sondern viele, ob sie gleich wissen, daß sie's nicht haben, behaupten's zu haben oder glauben zu haben, was sie nicht haben, glauben es allein zu haben, was gerade sie allein nicht haben«[59]. Gnosis war keine Philosophie, sondern Religion, aber auch als solche für viele Zeitgenossen (und zwar nicht nur für die christlichen) durch ihre als Arroganz empfundene Selbstgewißheit, die keine Gründe hat, unerträglich.

Der Konflikt zwischen Kirche und Gnosis der Spätantike hat thematisch eine riesige Breite. Man kann ihn hier gar nicht ausschöpfen. Wenn man die kontroversen Positionen überblickt und vergleicht, fällt ein Unterschied auf, der die Ebene der material dogmatischen Differenz überbietet und die Unversöhnlichkeit von Kirche und Gnosis bzw. auch die (historische) Unverträglichkeit von Gnosis und Esoterik in der Kirche (s. u.) erklären kann. Man entdeckt dann nämlich, daß zwar nicht völlig, aber in einem ganz beträchtlichen Ausmaß aneinander vorbeigeredet wird. Kurz gesagt: Den Kirchen ging es in der damaligen Auseinandersetzung tatsächlich um ihr ganzes Lehrgebäude vom Grundstein bis in jedes Detail. Dieses »Gebäude« wurde gerade im 2. Jh., als die Gnosis ihren Höhepunkt erlebte, ausgebaut und eingerichtet, und durch den Druck, den die Existenz dieser Religion durch Konkurrenz bedeutete, ist die Entwicklung des kirchlichen Dogmas, des Doktrinären, ganz deutlich verstärkt worden. – Der Stellenwert des Dogmas ist aber m. E. in der Gnosis mit ihren gnoseologischen und esoterischen Optionen ein sehr anderer gewesen. Man kann die gnostische Grundaussage, daß »die Gnosis befreit« (s. o.), zwar wohl ein Dogma nennen, d. h. eine Aussage, auf die der Gnostiker nicht verzichten kann. Aber alles, was darüber hinausgeht, ist so wichtig nicht wie diese Aussage, sondern bloß deren Explikation. Die inhaltliche »Armut« und Interpretationsbedürftigkeit dieser Grundaussage: »was befreit, ist die Gnosis«, zeigt, daß sie eher eine Perspektive oder auch ein »Lebensgefühl« signalisiert als einen (theologischen) Tatbestand, wie das kirchliche Dogma ihn zu formulieren reklamiert. Der Gnosis lag nicht – so muß man m. E. sagen – in derselben Weise wie der Kirche am Lehrsystem. Wenn man die Variabilität und Austauschbarkeit der Systemfragmente und Mythologeme und vor allem auch die Tatsache ihrer sekundären Verwendung im gnostischen System veranschlagt, bleibt es zwar dabei, daß die Gnostiker im Sinn der Materialisierung oder Objektivation ihrer Überzeugung ihre Lehre hatten (z.B. die komplizierten Kosmologien), diese aber nur in den fundamentalen Grundrissen, nämlich im Dogma von der erlösenden Gnosis unverrückbar war. Das ist die gnostische Konstante. Alles andere stand – prinzipiell – zur Disposition. Andernfalls könnte man nicht Gruppen mit derart disparater »Lehre« unter dem Titel und Begriff »Gnosis« subsumieren, wie man es, religionsgeschichtlich rechtens, tut. Diesbezüglich haben die Kirchenväter in ihrer Gewöhnung an Lehrsätze, Bekenntnisformeln und dogmatische Autorität die Gnostiker nach eigenen, den kirchlichen Maßstäben beschrieben, wie sie sich selbst nicht verstanden[60]. Die Gnosis ist von Haus aus keine dogmatische Religion, auch wenn sie ihre Aussagen macht.

Ich versuche, das noch einmal anders zu umschreiben. Was wir die gnostische Grundfrage nannten, nämlich wer wir sind, woher wir kommen, wohin wir gehen, also die Frage nach Herkunft, Gegenwart und Zukunft von Mensch und Welt, wird mit einer Logik beantwortet, die die Grund-Misere, nämlich das Gefallensein der Welt, auf Unwissenheit als den Grund dafür zurückführt. Dann kann der Rückweg aus der Unwissenheit nur Gnosis sein als Wissen. Das bedeutet, daß die Gnostiker das Unheil des Menschen, die erfahrene Fremdheit usw. so beschreiben, daß ihre gnostische Spekulation darüber bereits der Weg da heraus ist. H. Jonas[61] hat das so ausgedrückt, daß das gnostische Aussagensystem »als Ontologie der Erlösung selber Vollzug der Erlösung« ist. Der Gnostiker weiß, daß er durch Spekulation über sich und das All auf dem Weg zum Heil ist, weil er vom Heil entfernt ist durch Unwissenheit. Diesen Entwurf kann man nicht Dogmatik nennen. Er stellt ganz einfach die existentielle Option des Gnostikers für Gnosis als Ausweg aus der Misere in den Zusammenhang von Kosmos, All und Überwelt. Der Vollzug der Erlösung als Weg aus Unwissenheit zum Wissen: das ist Grundlehre und Grundereignis der Gnosis, weiter nichts. Ein luzider Text der Valentinianer noch einmal dazu: »Voll-kommene Erlösung ist die Erkenntnis der unsagbaren Größe als solche *(ipsa agnitio)*: Denn durch Unwissenheit entstand Mangel und Leidenschaft. Durch Erkenntnis (Gnosis) wird der gesamte Zustand der Unwissenheit aufgelöst. So ist die Erkenntnis (Gnosis) die Erlösung des inneren Menschen . . . Pneumatisch muß die Erlösung sein. Erlöst wird nämlich durch die Gnosis der innere pneumatische Mensch. Darum genügt uns die Erkenntnis (Gnosis) von allem (des Alls, der Totalität). Und das ist die wahre Erlösung.«[62]

Die Kirchenchristen und ihre durchschnittlichen Hirten konnten damit wenig anfangen. Hier die Reaktion des Irenäus auf die valentinianische Erlösungslehre, die gerade zitiert wurde: »Was die Überlieferung von ihrer Erlösung betrifft: Sie (die Erlösung) ist unsichtbar und unfaßbar. . . Da sie also kein festes Gefüge hat, kann man sie nicht leicht und in einem Satz wiedergeben, weil jeder sie so weitergibt, wie er mag. So viele Mystagogen dieser Lehre es gibt, so viele Erlösungen gibt es.«[63] Außer solchen Desavouierungen hält der Kirchenmann dann schlicht affirmativ die Lehre und Praxis seiner Tradition dagegen. Seitens der Kirche wird die Gnosis eigentlich nicht als »Bewegung«, will sagen in ihrem holistischen Impetus wahrgenommen und angegriffen, sondern auf dem Feld der inhaltlichen Kontroversen,

also dogmatisch ausgeschaltet. Man kann auch sagen: Sie wurde nicht als neue Religion, sondern als Abweichung vom Christentum mit unerlaubten Anleihen von überallher identifiziert.
Die ganz entscheidende Replik der kirchlichen Theologie der Zeit bezieht sich auf die gnostische Demontage dieser Welt und Geschichte und auf den Realitäts-Gehalt der gnostischen Rede von Welt und Heil. Die christlichen Gemeinden kamen aus der biblisch-jüdischen Tradition des Glaubens an einen Gott, dem diese hiesige Welt (als seine Schöpfung) nicht fremd und gleichgültig ist und der nicht fern von ihr ist, sondern Welt und Geschichte der Menschen zum Ort seiner Nähe und Selbstoffenbarung macht. Die Christen haben dazu im Tod des Juden Jesus am Kreuz die Sünde, Absurdität und Unerträglichkeit dieser Welt, aus der keine Hoffnung abzuleiten ist, doch zu ertragen und anzunehmen gelernt auf die Hoffnung hin, die sie im Auferstehungsglauben bekennen. Diese Ursprungserfahrungen der ersten Generation sind bis zum 2./3. Jahrhundert längst Überlieferung geworden, d. h. durch viele Vermittlungen gegangen. Aber sich dazu bekennen heißt, ihre Wahrheit auch selbst kennen und die zugehörigen Optionen auch selbst teilen: das Heil nicht im Alibi einer zweiten, anderen Welt oder individueller Inwendigkeit zu suchen, sondern Sinn und Heil menschlichen Lebens darin zu sehen, sich in dieser Welt nicht zu verweigern, vielmehr gerade in ihr die kreatürlichen Chancen und Begrenzungen zu akzeptieren. Die Bejahung kreatürlicher Existenz, mit Leiblichkeit und aller Aporetik, war nicht simpel und blauäugig. Es verband sich in der frühen Kirche damit eine anspruchsvolle Ethik des Lebens in der Welt, und außerdem wurde auch ganz ernsthaft wahrgenommen, was die Gnostiker stets gegen den Weltschöpfer aufgebracht hat und nicht wegzuleugnen ist: die Tatsache des Malum in der Welt im doppelten Sinn von Übel und Bösem. Der frühchristliche Kult des Kreuzes sagt »alles« dazu: Es gibt keine Antwort, die das Skandalöse verschwinden macht. Aber die Predigt vom

gekreuzigten Jesus endet nicht beim Tod. Vielleicht kann man sagen, daß die gnostische Heilslehre plausibler ist und Lösungen hat, die aufgehen. Von der christlichen Heilspredigt muß man innerhalb dieses Vergleichs dann sagen, daß sie dem Menschen von Sinn und Heil seines Lebens unter den Bedingungen spricht, die er nicht aussuchen und nicht austauschen kann und die sich nie in Luft auflösen lassen. Leben setzt Sterben, Auferstehung den Tod voraus. Das leuchtet nicht ein, aber man kommt nicht daran vorbei. Jedenfalls behielt die neue Religion eine gefährlich große Anziehungs- und Verführungskraft für die Kirchenchristen. – Wenn damals die Kirchenmänner ihre Gemeinden in schrillen Tönen vor dieser »Häresie« der »fälschlich sogenannten Gnosis« gewarnt und auf die orthodoxe Kirchenlehre eingeschworen haben, ging es letztlich darum, ihnen zu sagen, daß in dem von den Gnostikern verachteten und verfluchten »Stoff« dieser Welt die Wirklichkeit Gottes zu finden ist. Einen anderen Ort hat der Mensch nicht.

2 Die Gnosis als Faszination für die Christen

Über eine Faszination von Christen in frühkirchlicher Zeit durch die Gnosis ist noch mehr zu berichten als oben im Zusammenhang des Häresievorwurfs und seines historischen Hintergrunds in den kirchlichen Gemeinden angedeutet. Weit über die Alte Kirche hinaus kann man gnostische Spuren in kirchlichen Traditionen sichern. Wir bleiben bei der Frühzeit und stellen schon da fest, welche Faszination allein das Wort Gnosis auslöste. Ein Beispiel dafür, daß alle Polemik diesen Begriff selbst innerhalb der Kirchensprache nicht unmöglich gemacht hat, ist durch jemand gegeben, bei dem man es nicht unbedingt erwartet hätte, nämlich durch Irenäus, Ende des 2. Jh.s Bischof in der Industrie-, Handels-, Verkehrs- und Verwaltungsstadt Lyon. Gerade er war nämlich einer der Bischöfe, die ihre Gemeinden dadurch gegen die Gnosis immunisierten, daß sie die gläubig-gehorsame Akzeptanz der kirchlichen Predigt einübten sowie die Selbstbescheidung im Wissenwollen und das Sistieren allen neugierigen Fragens einschärften. Und trotzdem findet man bei ihm in der Replik auf die Gnosis fast die gesamte »gefährliche« Nomenklatur von Erkennen, Erkenntnis, Wissen, Unwissenheit wieder, und zwar eben jetzt als orthodoxes Instrumentar. »Gnosis«, den Zentralbegriff des gnostischen Selbst- und Weltverständnisses, wählt Irenäus zum Schlüsselbegriff seiner umfassenden Widerlegung dieser Religion. Mit diesem Begriff vollzieht Irenäus die Scheidung zwischen Kirche und Häresie, indem er mit ihm die tatsächliche Herkunft bzw. den wirklichen Fundort der Wahrheit markiert. Er zeigt keine Scheu vor dem für ihn häretisch belasteten Terminus und beschreibt die biblische Offenbarung in einem erstaunlichen Satz, den man so in einem gnostischen Text erwarten dürfte: »Die Unwissenheit aber, die Mutter von diesen allen (sc. von menschlichen Schwächen und Sünden), wird durch Gnosis vernichtet. Gnosis also bereitete der Herr seinen Jüngern.«[64] Ganz ähnlich redet er über die Predigt der Apostel; sie ist »Gnosis des Heils, welche diejenigen vollkommen macht zu Gott hin, die die Ankunft seines Sohnes erkennen«[65]. Gnosis macht vollkommen, ist also ganz gnostisch ein soteriologisches Prinzip. Wenn man den Abgrenzungseifer des Irenäus kennt, wundert man sich. Aber er trägt die Abgrenzung inhaltlich, nicht auf dem Feld der Terminologie aus. Christus »erbeutete die Menschen, indem er ihre Unwissenheit wegnahm und ihnen seine Gnosis gab«[66]. Der Täufer wollte mit dem harten Bild von Mt 3,10 (die Axt ist an die Wurzel des Baumes gelegt) »zur Erkenntnis der Wahrheit aufwecken«, meint Irenäus[67], in einer Diktion, die an das gnostische Bild vom Ruf und vom Aufwecken aus Schlaf und Trunkenheit erinnert. Die Väter führten mit dieser Diktion eine erfolgversprechende apologetische Sprachregelung ein: Sie unterscheiden nämlich zwischen »fälschlich sogenannter Gnosis« und der »wahren Gnosis«. Als Sprecher wieder Irenäus: »Wahre Gnosis ist die Lehre der Apostel und das alte System der Kirche auf der ganzen Welt.«[68] – Mit dieser Diktion formuliert Irenäus eine gezielte Opposition gegen die Gnosis, in der er über die inhaltlichen Differenzen zwischen gnostischer und kirchlicher Lehre hinaus den entscheidenden Unterschied darin sieht, daß sich der Mensch in Sachen der wahren und vollkommenen Gnosis nicht selbst auf den Weg machen und erfolgreich suchen kann (so sieht man kirchlicherseits den Gnostiker und ignoriert dabei dessen eigene Berufung auf Offenbarung), sondern auf die Erschließung durch Gott warten muß. Und ganz zu seinem Bescheidenheits-Appell passend (s. o.) sagt er darum so: »In dem Maß, wie wir geringer und jünger sind als das Wort Gottes und sein Geist, sind wir auch auf die Gnosis der Mysterien Gottes angewiesen.«[69] Die Wortverbindung »Gnosis der Mysterien« ist dabei wieder bezeichnend für das Milieu, in dem Irenäus argumentiert und polemisiert.

Der Begriff Gnosis war also auch für die Sprache der kirchlichen Orthodoxie brauchbar und blieb dies. Er fiel auch dort nicht platterdings mit der korrekten Lehre zusammen, sondern hat – als Bedeutungsüberschuß – etwas von der Begeisterung über den neuerworbenen Wahrheitsbesitz an sich, außerdem auch von der Emphase des Staunens vor unverhofft erschlossenen Mysterien und schließlich vom Nimbus der göttlich autorisierten Botschaft. Das alles hatte auch in der Kirche Platz. Es könnte sich mit bestimmten Zeilen aus den Paulus-Briefen legitimieren, aber wahrscheinlicher ist m. E. der Gebrauch von Formeln aus der damaligen Auseinandersetzung.

Was man bei den Ketzerpolemikern vom Schlage eines Irenäus

oder Hippolyt liest, ist allerdings nicht mehr als eine ganz oberflächliche Berührung mit der Gnosis, wenn man es mit dem vergleicht, was andere Christen anderswo und etwa gleichzeitig unternommen haben. Ehe ich auf die alexandrinische Theologie zu sprechen komme, hier eine exkursartig behandelte Einzelfrage, die eine Art Einführung dazu bedeuten kann.

3 Seelen-Präexistenz und Seelenwanderung in der Frühkirche?

Auffälligerweise ist »neue Gnosis« (Anthroposophie, Theosophie, neuerdings »New Age«) innerhalb der frühchristlichen Traditionen, von denen hier die Rede ist, stark am Vorhandensein der Lehre einer Präexistenz der menschlichen Seelen und einer »Seelenwanderung«, also mehrfacher Inkorporation der Seelen in der patristischen Literatur interessiert. Auch da, wo man nicht viel von den Zusammenhängen weiß, verbindet man damit die Information, daß das Christentum in seiner Frühzeit die genannten Ideen »selbst« vertreten habe, sie aber später entschieden ablehnte und unterdrückte, bis heute. Für manche spielt diese Vorstellungswelt als Indiz für das Verhältnis, genauer: für die Vereinbarkeit von Christentum und Neuem Bewußtsein eine besondere Rolle. Seitens der Theosophie bzw. der Anthroposophie wird schon lange der Verdacht geäußert oder der Nachweis versucht, daß das gesamte Christentum als Gnosis begann, dann aber zu Institution und Dogma degenerierte[70]. Das ist darum an dieser Detailfrage kurz zu klären, womit man bereits in die Geschichte der innerkirchlichen Faszination der Gnosis gerät.
Die Frage nach dem Vorkommen beider Ideen läßt sich eindeutig

beantworten. Nicht das Urchristentum, nicht die Frühkirche als ganze kannte die *Präexistenz der Seelen,* die sie dann nachträglich verworfen hätte, sondern nur einer ihrer profiliertesten und umstrittensten Köpfe, der Alexandriner Origenes (ca. 185–254 n. Chr.). Er war ein Lehrer und Wissenschaftler des Christentums, der neben seiner regelmäßigen Predigt für die schlichten Leute eine methodisch und theologisch anspruchsvolle biblische und philosophische Arbeit von riesigem Umfang geleistet hat, um sich und den gebildeten Christen das Christentum auf angemessenem Niveau zu erschließen. Er schrieb viele Bücher, hielt in aller Welt Vorträge und war bereit, sich zur Suche nach der Erkenntnis des Logos Gottes nichts an Denkanstrengung und Bildungsbemühung zu ersparen, die er dazu für notwendig hielt. Origenes, auf dessen Profil und »Milieu« wir noch zurückkommen, hat also die Anschauung von der Präexistenz der Seelen mit vielen nichtchristlichen Zeitgenossen geteilt. Er hat sie allerdings mit aller Deutlichkeit und in drei verschiedenen Büchern vertreten[71]. Die Forschung ist sich sicher, daß diese Vorstellung zu den Elementen gehört, die der große Systematiker (neben seinen grundlegenden Anleihen aus der Philosophie) aus der Gnosis entlehnt hat, die natürlich auch in Alexandrien virulent war. Der christliche Theologe Origenes, der zu Lebzeiten äußerst berühmt und anerkannt war und über seinen Tod hinaus Schule machte, allerdings posthum auch wiederholt kirchlich als Häretiker verurteilt wurde – unter anderem wegen gerade der These von der Präexistenz der Seelen – , hatte in seiner theologischen Systematik als ein wesentliches Konstruktionselement dieses gnostische Lehrstück verwendet. Die besondere Ausstattung und Anwendung der Idee bei Origenes genau zu beschreiben, führt hier zu weit[72]. Bei Origenes leistet sie einen entscheidenden Dienst für seine Lehre von der Welt der Geistwesen (Engel, Menschen, Dämonen) und deren Schicksal (Freiheit, Fall, Läuterung). Durch Versagen und Bewährung sind sie in einer ständigen

Bewegung mit mehrfachen Existenzweisen und unterschiedlich dichten materiellen Körpern, je nach Lohn und Strafe, wiederholt ein irdisches Dasein im Körper absolvierend, um am Ende alle die Vollkommenheit zu erreichen (s. u.).
Wir müssen wenigstens einen kurzen Blick auf den gnostischen Charakter dessen werfen. Die Gnostiker sehen, wie die Christen, den Weltprozeß linear, nicht etwa zyklisch, ablaufen. Innerhalb dieses makrokosmischen Ablaufs gibt es aber Vorgänge, »die einen gewissen Kreislaufcharakter haben, wie etwa ... die Annahme mehrerer Weltzeitalter mit jeweiligem katastrophalem Ausgang für die Menschheit ..., ferner, auf individueller Ebene, die Lehre von der Seelenwanderung als Läuterungsprozeß«[73]. Am Schluß steht aber wie in der Gnosis so bei Origenes ein Eschaton, keine endlose Reinkarnation. Genau in dieses Schema hat Origenes seine Vorstellung von den Geistwesen der Schöpfung eingetragen, deren Sündenfall und Heilsweg er so zu erklären suchte. Aber er hat – das muß gleich dazu gesagt werden – Korrekturen gegenüber der gnostischen Konzeption angebracht, deren wichtigste das Festhalten an der Freiheit der Geistwesen ist[74]. Natürlich hat er gewußt, daß das nicht kirchliche Lehre war, sich diese Lehre aber gestattet, weil er wußte, daß über den Ursprung der Seele »die Verkündigung nicht mit hinreichender Deutlichkeit unterscheidet«[75]. Nach Origenes haben die Apostel nämlich nur einen Teil der Glaubensdinge ganz klar ausformuliert, anderes haben sie unpräzisiert gelassen bzw. andeutungsweise geredet. Im letzten Bereich müssen sich begabte Christen betätigen und um Klärung ringen[76]. Daran beteiligt sich Origenes, und zwar eben auch, wenn er über die Seelen spricht, über deren Beschaffenheit und Herkunft die Apostel nichts hinterlassen haben. Theologie hat in diesem Bereich experimentellen Charakter. Origenes riskiert die Rezeption eines »System-Stücks« Gnosis, um einen Teil seines nicht insgesamt gnostischen Denkrahmens (s. u.) auszufüllen; dabei hat er die

feste Absicht, keinen Widerspruch zur kirchlichen Lehre in Kauf zu nehmen. Diese Verschränkung verschiedener Horizonte, nämlich Gnosis, Platonismus, Christentum, ist keine Besonderheit des Origenes, sondern das Paradigma der Epoche. Man darf sich die Situation in einer hellenistischen Stadt der Wissenschaften wie Alexandrien nicht puristisch in gegeneinander abgeschottete Schulen und Systeme segmentiert vorstellen. Die Bereitschaft zu Horizontverschiebung und -verschränkung durch Rezeption und Integration auch fremder Überlieferung war groß. Origenes war unabhängiger Lehrer des Christentums, dessen Schüler Nichtchristen waren, die bei ihm Philosophie erwarteten und fanden. Er ging ihnen weit auf den Wegen des hellenistischen Lehrprogramms seiner Zeit[77] entgegen. Er fing in seinem Unterricht nicht beim Logos des Christentums an, sondern vermittelte ihn ganz behutsam und allmählich über die jahrelangen Schulwege der Epoche. In diesem Rahmen muß man seine Rezeptionen sehen. Sie entsprachen der gesamten alexandrinischen Szene von Bildung, Wissenschaft und Zugehörigkeit.

Aber zurück zum Stichwort Präexistenz der Seelen[78]. Origenes weiß vom präexistenten Sündenfall der vor dieser Welt geschaffenen Geistwesen, dessen Folge die minderen Existenzweisen in dieser »zweiten« Schöpfung sind, die dazu geschaffen wurde, sie zur Bestrafung und zur Läuterung aufzufangen[79]. Eines seiner hauptsächlichen Argumente, die ihm diese Vorstellung empfahlen, war die Lösung des Theodizee-Problems. Gott hat die Geistwesen alle gleich erschaffen. Die krassen Ungleichheiten zwischen den Menschen, die es inzwischen gibt und die Origenes als skandalöse Ungerechtigkeiten empfand, gehen auf den Gebrauch der Willensfreiheit, nicht auf Gott zurück[80]. Genau dies ließ sich mit Hilfe des Präexistenzgedankens erläutern. Origenes ist für das Argument der Präexistenz der Seelen von Augustinus ausführlich kritisiert worden[81].

Für die Idee der *Seelenwanderung* dagegen hat Origenes keine

Möglichkeit gesehen, obwohl man ihm bis heute nachsagt, er habe sie vertreten. Außer ihm hat es überhaupt nur einen frühkirchlichen Theologen gegeben, von dem positive Äußerungen zur Seelenwanderungslehre überliefert sind. Das war der Afrikaner Arnobius der Ältere, der an der Wende zum 4. Jahrhundert schrieb und an die Seelenwanderungslehre, die in der griechischen Philosophie damals absolut geläufig war, die Konzession machte, daß es sich bei ihr um eine nützliche, tiefe Idee nicht ohne Sinn handle, die allerdings für Christen mit ihrem Glauben an ein definitives Schicksal nach dem Tod nicht in Frage kommt[82]. Origenes hat aber von der Seelenwanderung noch entscheidend zurückhaltender gesprochen als Arnobius, wenn er sie lediglich erwähnte und dies so erklärte: »Dies sollen nach unserer Absicht keine festen Lehren sein, sondern nur Fragen und Probleme. Ich habe es nur deshalb ausgesprochen, damit die angeschnittene Frage nicht ohne Behandlung bleibe.«[83] Ein Argument allenfalls im Diskurs also, keine Lehre oder Überzeugung. Die Vorstellung von der nicht nur einmaligen *(ensomatosis)*, sondern wiederholten Inkorporation der Seelen *(metensomatosis)* stieß sich für Origenes, wie er öfter sagt[84], evident mit der kirchlichen Lehre vom Weltende und Endgericht, für die dann kein Platz blieb, und war für ihn weder von den Aposteln hinterlassen noch in der Schrift aufzufinden. Wenn man die Versetzung der Seele aus einem Leib in einen andern im Sinn der altgriechisch oder indisch-theosophisch gedachten Seelenwanderung wirklich gelten läßt, dann kommt es – so Origenes zu Mt 17,10 – infolge der dauernd neuen Sünden zwingend zu immer weiteren Inkorporationen der Seelen und folglich nie zu einem Weltende[85]. Darum läßt er nur eine einzige Einkörperung der Seelen nach ihrem Fall zu und denkt ihre Existenz durch mehrere Weltzeiten so, daß nicht diverse Leiber aufeinander folgen und von der Seele »bewohnt« werden, sondern der eine Leib identisch bleibt und sich lediglich wandelt[86]. – Die Annahme der

Präexistenz der Seelen war also für Origenes einleuchtend, erklärend und zulässig, die der Seelenwanderung dagegen weder mit der Kirchenlehre noch mit den Tatsachen vereinbar, so daß sie nicht in Frage kam.

Das Fazit: Die Idee der Präexistenz der Menschenseelen war kein Allgemeingut im Ur- und Frühchristentum, aber eine wichtige Teilanschauung im theologischen Denksystem des Origenes. Schon zu seinen Lebzeiten und von etlichen seiner prominenten Schüler ist sie nicht aufgegriffen worden. Kirchlicherseits wurde sie später als einer der »Origenismen« verworfen, z. B. jeweils an erster Stelle in den 9 Anathematismen vom Jahr 543 und in den 15 Anathematismen von 553[87]. Was die Herkunft der Anschauung betrifft, kann man nun alle philosophischen Lehrer des Origenes aufzählen, die übereinstimmend die Präexistenz-Lehre vertraten[88]. Aber die Details in der Ausführung, die Verbindung mit der Theodizee (s. o.), der Zusammenhang mit der Katastrophe eines präkosmischen Sündenfalls sehen bei Origenes weit stärker nach gnostischer als nach philosophischer Herkunft aus. Ob so oder so, diese Idee blieb innerhalb der frühkirchlichen Tradition ein Unicum. – Die Annahme der »Seelenwanderung« ist frühchristlich dagegen nie, auch nicht in einem Einzelfall, angeeignet worden, obwohl sie im 3. Jh. »zur beherrschenden Vorstellung der nichtchristlichen Bildungseliten über das Geschick der Seele nach dem Tode« gehörte[89]. Die Anschauung war nicht zuletzt als Lehre indischer Weisheit seriös und geläufig. Indien lag für die alexandrinischen Theologen und Lehrer des Christentums durchaus im »geographischen und historischen Blickfeld»; es gehörte für sie ganz selbstverständlich »zur Geschichte der geistigen und religiösen Entwicklung der Menschheit«, und man konnte die indische Philosophie gar nicht ignorieren, sondern hatte Kenntnis von ihr und beschäftigte sich mit ihr[90]. Aber im Punkt der Seelenwanderung verhinderte das kirchliche Dogma eine Rezeption schon damals und selbst im synkretismusfreundlichen Milieu Alexandriens (s. u.). Die Ablehnung der Reinkarnation war in der frühkirchlichen Theologie einhellig und bezog sich auf recht unterschiedliche Gründe[91].

4 Christentum in Alexandrien

Über die Anfänge des Christentums in Alexandrien ist bis gegen Ende des 2. Jh.s nichts bekannt[92]. Aber über die Stadt weiß man doch etliches, z. B. daß für sie eine extrem synkretistische Kultur und Religiosität bezeichnend war. Und in diesem Synkretismus gab es auch Christentum verschiedenen Niveau's, aber offenbar ebenfalls stark synkretistisch, ohne Berührungsängste, mit großen Öffnungen für esoterische Frömmigkeit aus Philosophie und Gnosis. Dazu gibt es ein Dokument, dessen Echtheit und somit auch Datierung allerdings ungewiß ist. Ein angeblicher Brief Kaiser Hadrians (117–138 n. Chr.) an einen Konsul[93] zeichnet die Verhältnisse, sicher übertreibend, aber doch wohl bezeichnend: »Hier (in Alexandrien) sind die Serapisverehrer Christen und, die sich Christi Bischöfe nennen, verehren auch den Serapis. Hier gibt es keinen jüdischen Synagogenvorsteher, keinen Samariter, keinen christlichen Presbyter, der nicht Astrolog, Opferdeuter, *aliptes* (Salber) wäre.« Das ist plakativ. Was jetzt über die christliche Theologie der beiden alexandrinischen Theologen Klemens und Origenes unter dem Stichwort Faszination der Gnosis zu sagen ist, hat freilich ein unvergleichlich höheres Niveau und subtilere Qualität als das, was dieser Brief mit seinen Bemerkungen zur religiösen Praxis und Identität in dieser Stadt vermittelt.

5 Klemens und Origenes von Alexandrien über den »wahren Gnostiker«

Es gab zu der Zeit, von der wir unter dem Thema Gnosis hier stets reden, »Christentümer« und Teilkirchen, die uns mit ihrer Sprache, Theologie und Spiritualität sehr fremd sind. Das gilt namentlich von den zwei christlichen Theologen Klemens und Origenes von Alexandrien, die gewollt und gezielt »gnostisch« sprachen und dachten. Natürlich waren sie keine Anhänger der Religion Gnosis, sondern waren eben Christen; aber sie wollten in einem bestimmten Sinn Gnostiker sein, ganz dezidiert. Das wirkt in unserem Zusammenhang bedenklich und bedenkenswert.

Zuerst die Fakten: Klemens, gestorben vor 215, entwirft mit Aufwand und Leidenschaft das Porträt des vollkommenen Christen[94] und wählt dafür den Begriff des »wahren Gnostikers«. Und dies in einer Zeit, als die Abgrenzung der Kirche von der Gnosis bzw. den Gnostikern zwar nicht mehr das Aktuellste, aber durchaus noch nicht erledigt war. Aber wir wissen bereits, daß die Kirche in dieser Situation das Wort »Gnosis« nicht kampflos den Gnostikern überließ, die damit ihre Überlegenheit über den Rest der Welt ausspielten, sondern sich auf diese Diktion einließ und den Anspruch mit Hilfe der Unterscheidung zwischen falscher und wahrer Gnosis zurückwies. Klemens setzte das fort und charakterisierte die »Häretiker« im Zuge einer moralischen Disqualifizierung als solche, die »unter dem Namen der fälschlich so genannten Gnosis den Weg zur äußersten Finsternis gewählt haben«[95]. In einer anderen Attacke redet er von »ihrer gottlosen Weisheit« und von der »unheiligen Gnosis dieser sich fälschlich Gnostiker nennenden Leute«[96]. Klemens machte aber aus dieser bloßen Replik eine innerkirchliche Sprachregel. Er redete polemisch über die Gnostiker, wie alle Häresiologen es taten, und verwendete gleichzeitig deren theologisch wichtigsten

Begriff für das, was ihm selbst theologisch das Wichtigste war, nämlich als die Kurzformel für gelungene christliche Existenz: Der vollkommene Christ ist der wahre Gnostiker. Klemens unternahm es ganz bewußt[97], durch Ausbildung einer »gnostischen« Theologie und durch Gebrauch der gnostischen Nomenklatur, namentlich des zentralen Begriffs Gnosis, die Aura dieser Religiosität oder Spiritualität mit kirchlichen Inhalten zu besetzen und sie nicht den Gnostikern zu überlassen. Es geht jetzt aber nicht um die apologetische Rochade, die das bedeutete, sondern um die Beobachtung, daß das mehr war als ein geschickter Schachzug. Das Wort Gnosis, das gesamte Vokabular von Erkennen, Wissen, Schauen usw., ist ihm selbst sehr wichtig und faszinierend. Die Sprache der Gnostiker ist ideal geeignet, das Wirklichkeits-, Wahrheits- und Lebensverständnis des Klemens selbst zu buchstabieren. Man vermutet, daß Klemens in Athen geboren war (ca. Mitte 2. Jh.) und daß er über den Platonismus zum Christentum fand. Er war Lehrer des Christentums in der religiösen und wissenschaftlichen Atmosphäre der Stadt Alexandrien. Um im dortigen Diskurs um die Wahrheit, der zwischen philosophischen und theologischen Schulen offen ausgetragen wurde, gehört zu werden, setzte Klemens auf die Sprache der Gnosis (nicht auf die der Gemeinde, und auf die der Bibel nur in Form einer »gnostischen« Interpretation). Das ist nur logisch und verständlich, wenn diese Sprache Klemens selbst und andere im gleichen alexandrinischen Milieu faszinierte. Sinn und Ziel menschlichen Lebens als das Finden und Besitzen wahrer Erkenntnis und wirklichen Wissens auf dem Weg angestrengter Suche zu beschreiben, lag in diesem kulturellen Brennpunkt offenbar nahe und »in der Luft«. Während die Begrifflichkeit aus der Gnosis stammt, hat Klemens für die Entfaltung seines Denkens über die wahre Gnosis sehr viel vom alexandrinischen Juden Philo (1. Jh. n. Chr.) gelernt, der seinerseits deutlich von neupythagoreischen, stoischen und platonischen Denkbahnen abhängig ist. Innerhalb des alexandrinischen Spektrums gab es selbstredend auch Gnostiker. Klemens als christlicher Lehrer bevorzugte deren zentrale Begrifflichkeit, um mit ihrer Hilfe die Attraktivität, die kirchliches Christentum für ihn hatte, auch anderen zu vermitteln. Die Begrifflichkeit brachte natürlich Aussagen mit. Und tatsächlich ist die Beschreibung des christlichen Weges zu Gott, zur Vollkommenheit, bei Klemens nun in einer Form entworfen, die weit hinter sich läßt, was wir aus der geläufigen Gemeindetheologie der Zeit kennen. Es sind gnostische Horizonte, in denen Christentum sich nun darstellt, »geräumig«, dynamisch, intellektuell akzeptabel und anspruchsvoll. Klemens schwankt in seinem Sprachgebrauch ziemlich stark und verwendet den Begriff Gnosis auch für allgemeinste Zusammenhänge und tauscht ihn gegen andere Begriffe aus[98]. Davon sehe ich ab. Interessant ist, daß Klemens mit Gnosis oft den christlichen Glauben als solchen umschreibt. Die wichtigste Bedeutung hat der Begriff nämlich in der Verbindung »Erkenntnis Gottes«, und er ist dann oft synonym mit *Sophia* – Weisheit gebraucht oder auch mit *Episteme* – Wissen und *Theoria* – Schau (im platonischen Sinn mystischer Schau und Kontemplation). Gnosis ist immer aus dem Kontrast entworfen: gegen bisherigen Irrtum, gegen andere Gnosis, gegen fälschlich sogenannte Gnosis. Von Leuten, die sich zu Unrecht als Gnostiker bezeichnen (mit 1 Tim 6,20), setzt Klemens den erwiesenermaßen »wahren Gnostiker« ab, der »den Herrn erkannt hat und durch ihn seinen Vater«[99]. – Aber es gibt Texte mit stärker gnostischer Färbung, an denen man erkennt, daß Klemens nicht nur Wörter ausleiht, sondern eine spezifisch »temperierte« Spiritualität bevorzugt, die so nicht auf dem Boden des kirchlichen Christentums entstanden ist. Klemens sagte beispielsweise: »Wir sagen nicht, daß die Gnosis ein bloßes Reden sei, sondern ein göttliches Wissen, und jenes Licht, das in der Seele entsteht aus dem Gehorsam gegen die Gebote, macht alles in der geschaffenen Welt durchschaubar, läßt den

Menschen sich selbst erkennen und lehrt ihn, Gottes teilhaftig zu werden«.[100] Eine deutliche Palette: Gnosis ist göttliches Wissen, Licht in der Seele, verleiht universales Erkennen und Selbsterkenntnis und bedeutet schließlich Teilhabe an Gott. Die einzelnen Elemente sind gnostisch, der Ansatz freilich nicht. – Ein anderer Text mit anderen gnostischen Systemfragmenten, die nicht aus der christlichen Theologie kommen: Klemens redet von der »gnostischen Überlieferung«, die von Christus den Aposteln mitgeteilt wurde und die er folgendermaßen definiert: »Die Weisheit (als welche wir Christus benennen) ist die Gnosis, die das Wissen und Begreifen des Seienden ist, des Künftigen und Vergangenen, fest und sicher, da vom Sohn Gottes überliefert und geoffenbart«; und dann heißt es überraschend, aber gnostisch vertraut und geläufig: »Die Gnosis selbst ist durch Weitergabe von den Aposteln aus auf wenige (Menschen) durch ungeschriebene Überlieferung weitergegangen. Daher muß die Gnosis oder Weisheit durch Übung eine beständige und unwandelbare Kontemplation werden.«[101] Gnosis ist also offenbart und tradiert worden, aber nur an bzw. für wenige. Klemens übernimmt hier erstaunlicherweise nicht nur das eigentümlich esoterische, sondern auch das elitäre Denken der Gnosis. »Wir« sind die wenigen Besitzenden geheimer Tradition. Klemens redet öfter so und bezieht 1 Kor 8,7 (»nicht in allen ist die Gnosis») auf die Gnosis, »die (nur) wenigen überliefert ist«[102]. Die Wenigen sind für ihn einmal die Gläubigen im Unterschied zu den übrigen Menschen. Diesen Unterschied markiert er in gnostischer Diktion. Eine andere Stelle läßt offen, ob die Unterscheidung sich hier nicht auf die Kirche selbst bezieht: »Salomo spricht von der Gnosis und sagt: Glänzend und unverwelklich ist die Weisheit, und sie wird leicht geschaut von denen, die sie lieben [d. h. von den anderen nicht]; sie gibt sich denen, die nach ihr verlangen, im voraus zu erkennen . . . denn die ihrer würdig sind, sucht sie selbst auf – [Klemens fügt dem das Zitat aus Paulus an:] ›denn nicht in allen ist die Gnosis‹«[103]. Und wirklich ist das die entschiedene Meinung des Klemens (und Origenes u. a.), daß nicht alle Christen in der Kirche die Gnosis haben. Was haben sie dann? Bloß den Glauben. Und folgendes paßt nun exzellent zu dem bildungsaristokratischen Milieu in Alexandrien, dem Christen wie Klemens und Origenes zuzurechnen sind, über die Masse hinausragend: Die gnostische Manier, mit den vielen Unwissenden, die es gibt, umzugehen, war, sie ontologisch abzuschreiben, indem man sie in niederen Regionen der Heils-Geographie ansiedelte, von wo aus sie bestenfalls eine mittlere, »halbe« Chance hatten, während der Gnostiker bereits jetzt mit diesen Niederungen nichts zu schaffen hat. In der Kirche gab es ebenfalls enorme Niveau-Unterschiede, die sich trotz aller Predigt und Belehrung als unüberbrückbar erwiesen. Die alexandrinischen Christen vom Bildungsstand eines Klemens erklärten diesen Zustand, der eine Menge Konflikte auslöste, nun nach dem gnostischen Muster. Man unterschied die Menschen bzw. Christen nach prinzipiellen Gesichtspunkten: Die einen haben »bloß den Glauben«; sie können und wollen auch gar nicht darüber hinaus[104]. Der »bloße Glaube« ist der Gegenbegriff zur Gnosis, die nur die »wenigen« (s.o.) haben. Das ist nicht bloß Feststellung, sondern auch Werbung, denn »mehr als Glauben ist Erkennen«[105]. Im bloßen Glauben liegt ein Defizit.

Eine Gruppe beansprucht hier in der alexandrinischen Kirche – ganz esoterisch und elitär gnostisch – den Besitz besonderer Gnosis, die die anderen nicht nur nicht haben, sondern auch nicht haben können. Sie fließt aus Quellen, die nicht alle wissen. Geheime Traditionen wurden von Jesus und den Aposteln an Würdige und Aufnahmefähige weitergereicht[106]. – Das sind Ideen und Legitimationen esoterischer Religiosität, die die kirchlichen Polemiker (wie Irenäus, Tertullian u. a.) strikt ablehnten und lächerlich machten: Die geheimnisvollen Traditionen gibt es nicht. Hier aber übernimmt man das ins kirchliche Vokabular und

Denken. Die Nichtzugänglichkeit der Weisheit für alle, die Existenz geheimer, für die Masse unverständlicher Informationen war eine reizvolle, faszinierende Lösung bestimmter kirchlicher Probleme.

Ich dokumentiere noch einmal, jetzt mit Origenes, der offen von der Vorenthaltung und Geheimhaltung der Gnosis (d. h. des Kerns und Höhepunkts christlicher Realisation!) redet: »Du siehst, Paulus hat im Geist alles gewußt, aber er durfte das nicht alles den Menschen sagen [sondern eben nur wenigen]; er sagte es Timotheus, er sagte es Lukas und anderen Schülern, von denen er wußte, daß sie die unaussprechlichen Geheimnisse erfassen konnten.« Und in diesem Sinn verstand Origenes den deuteropaulinischen Text 2 Tim 2,2 als geheimnisvolle Anspielung. »Paulus« schrieb: »Erinnere dich an die Worte, die du von mir gehört hast, und vertraue sie zuverlässigen Menschen an, solchen, die fähig sind, andere zu belehren.«[107] Was im Bibeltext nüchternes technisches Vokabular für den allmählich bewußt werdenden Traditionsprozeß des Frühchristentums war, hört sich in Kontext und Exegese des Origenes ganz verwandelt, nämlich esoterisch, fast konspirativ an. Das eigentliche tiefe Erkennen des Christentums geht an den Vielen, die bloß glauben, also vorbei. »Weder die Propheten noch der Erlöser selbst«, sagt wiederum Klemens, »haben die göttlichen Mysterien so unmittelbar vorgetragen, daß sie von jedem leicht verstanden werden konnten, sondern sie sprachen in Parabeln«[108]. Kein Zweifel: Es gibt für die Alexandriner gestuftes Christentum, Gnostiker und *Idiotai* (= prinzipiell Unkundige, Ahnungslose). Ein innerkirchliches Dilemma wurde mit dieser gnostischen Idee von wesensmäßig unterschiedlichen Menschengruppen aufgelöst: Die wenigen wahren Gnostiker begreifen die Tiefen des Christentums, die den vielen Einfachen immer verschlossen bleiben. Das wurde speziell auf das Bibelverständnis bezogen, also auf die Fähigkeit, die Quelle der Gnosis selbst zu verstehen[109]. Wieder Klemens:

»›Nicht aller Leute Sache ist die Gnosis.‹[110] Denn die einen sehen auf den Leib der Schrift, nämlich auf die Wörter und Ausdrücke . . ., die anderen aber durchschauen die Gedanken und das durch die Ausdrücke Dargestellte«[111]. Und noch massiver äußert er das gnostische Überlegenheitsgefühl: »Wenn aber Gnosis nicht allen zukommt, so sind die biblischen Schriften für die Masse das gleiche wie für einen Esel die Laute, um mit dem Sprichwort zu reden. Die Schweine freuen sich ja mehr am Schlamm als an reinem Wasser.«[112]

Der Gnostiker steht auch nach Origenes (der ihn, wohl wegen der Belastung des Begriffs durch die »Häresie«, so nicht nannte) turmhoch über der empirischen Kirche der Massen, und zwar konnte er das am unterschiedlichen Inhalt hier des Glaubens, dort der Gnosis nachweisen. Inhalt des Glaubens ist, sagt Origenes, »nichts kennen als Jesus Christus, und zwar den Gekreuzigten (1Kor 2,2), in der Meinung, das fleischgewordene Wort sei alles am Wort; (solche) kennen Christus nur dem Fleisch nach. Sie bilden die Masse derer, die als Gläubige gelten«[113]. Der Gnostiker erkundet dagegen die Tiefen des Logos. Die Gläubigen nehmen ohne tiefere Durchdringung und Einsicht die Sätze des Bekenntnisses an, mit denen der Gnostiker es nicht (mehr) zu tun hat. Er ist um tiefere Dinge bemüht. Sein Thema ist natürlich auch Gott, aber als der Gott des Universums; zwar auch der Logos, aber als transzendenter und als Instrument der Schöpfung; zwar der Mensch, aber Natur und Ursprung seiner Seele, sein freier Wille usw. »Die esoterische Lehre ist nicht für die Masse der Gläubigen bestimmt, sie würde hier nur Verwirrung anrichten.«[114] Es muß ergänzt werden, daß Klemens (wie Origenes) mit Sorgfalt darauf bedacht blieb, von der kirchlichen Lehre nicht abzugeraten: »Unser Gnostiker ist ergraut über der Schrift und hält an der apostolischen und kirchlichen Richtigkeit der Lehren fest.«[115]

Es gab also diese Kluft in der Kirche, die von den sich gnostisch begreifenden Theologen geradezu kultiviert wurde mit Hilfe original gnostischer Denkmuster. Ein Systemstück oder besser: eine spirituelle Konstante dieser Religion Gnosis fand große Sympathie bei kirchlichen Lehrern im alexandrinischen Milieu. Die esoterische Option derer, die über die vielen hinausragen, den Überblick oder die Einsicht haben, faszinierte über die Ränder dieser Religion hinaus. – Dabei bleibt es, obwohl nun abschließend dazu gesagt werden muß, daß die Alexandriner dieses im Christentum doch verwegene Unternehmen einer gnostischen Klassifizierung der Menschheit ganz ungnostisch ausgehen ließen. Die »echten« Gnostiker (im religionsgeschichtlichen Sinn) hatten nämlich die Konsequenzen für die Soteriologie daraus gezogen und einen Heils-Determinismus konstruiert: Die Unterschiede sind endgültig, die Nichtgnostiker gewinnen allenfalls ein »halbes«, »mittleres« Heil. Ganz anders bei den kirchlichen Gnostikern, was ich in aller Kürze mit zwei Sätzen sagen muß: Einerseits nämlich ist der »bloße Glaube« hier nicht eine wesensmäßig unterscheidende Begrenzung des Menschen, sondern beim Glauben beginnend kann im Prinzip (nicht faktisch) jeder zur Gnosis kommen. Man soll, sagt Klemens, »von diesem Glauben ausgehend . . . die Gnosis von Gott, so weit es möglich ist, erlangen . . . An Gott glauben ist die Grundlage der Gnosis«; »durch die Gnosis wird der Glaube vollendet«[116]. Andererseits überläßt der kirchliche Gnostiker die vielen Pistiker (= die bloß Gläubigen) nicht desinteressiert oder zynisch ihrem Schicksal, benachteiligt zu sein; vielmehr verwendet er sich und seine Gnosis für sie, um sie als Lehrer zu fördern und auf höhere Stufen zu führen[117]. Dieses pastorale Element macht die ganze Differenz zur Anschauung und Praxis der »häretischen« Gnosis aus. Im übrigen bleibt es dabei, daß hier mit weiterer Wirkungsgeschichte eine massiv gnostische Idee ins Christentum herübergeholt wurde, und zwar eine von Esoterik und elitärem Impetus getragene Idee.

6 Das System des Origenes

Bei Origenes (gest. 254 n. Chr.) hat die Faszination der Gnosis noch einmal anders gegriffen und Spuren hinterlassen, die das System seiner Theologie als solches betreffen. Ich glaube, daß diejenigen Origenes richtig interpretieren, die sein System, wie er es explizit in den »Vier Büchern von den Prinzipien« um 220 n. Chr. konzipierte, als »ein imponierendes, aus verschiedenen Strömungen resultierendes Amalgam«[118] beschreiben. Und damit ist es als ein Stück typisch alexandrinischen Christentums des ausgehenden 2. und des 3. Jh.s charakterisiert. Der Einfluß Philo's ist ziemlich stark, wie schon oben gesagt, aber auch auf Platonisches trifft man. Uns interessiert hier die Rolle der Gnosis, die man hat nachweisen können[119], und zwar nicht nur an der Peripherie, sondern als Grundlage des origeneischen Systems. Origenes hat nicht inhaltlich ein Aussagen-System wie dasjenige der Gnostiker reproduziert[120], aber es gibt Gnostisches in seiner Theologie aufgrund des Systemcharakters als solchen. Das ist ein kompliziertes und umstrittenes philosophiegeschichtliches Thema. Hier ist nur der Versuch einer nachvollziehbaren Andeutung möglich.

Es geht um nicht weniger als den Denk- oder Darstellungs-Typ des Origenes in seiner Theologie. Kein Zweifel, Origenes hat sein Denken als System strukturieren, ordnen, vermitteln wollen. Vor ihm haben im 2. und 3. Jh. die Gnostiker ihre verschiedenen Systeme entworfen. Das System als Form der Spekulation und Darstellung ist nicht die Selbstverständlichkeit. Im 2. und 3. nachchristlichen Jahrhundert wurde es aber zu *der* Form von Denken und Lehre. Diese Form wurde vielleicht im gnostischen Denken kreiert, wurde jedenfalls dort und auch im platonischen und im christlich-alexandrinischen Denken typisch. Und was sich hier ganz verkürzt nur beschreiben läßt, ist schon die Gemeinsamkeit zwischen dem gnostischen und dem origenei-

schen System. Es betrifft die besondere Form der Vorstellung und Darstellung der Wirklichkeit. Das Seinsschema ist das einer pyramidal, d. h. von oben nach unten aus einem höchsten einfachen Seienden heraus konstruierten Wirklichkeit des Vielen; das Viele stammt vom Einen und kehrt zur Einheit zurück, was im System eine permanente Bewegung bedeutet. Das ist »der ›natürliche‹ Verlauf jedes gnostischen Systems und auch der angemessenste seiner Wiedergabe«[121]: Die Wirklichkeit mit allen Wesen (auch den geistigen) strukturiert sich in ein ontologisches Oben und Unten, in Eins und Vieles, vertikal geordnet unter progressiver Depotenzierung nach unten. Es gibt darin regelmäßig Fall und Rückkehr als Ab- und Aufstieg. Das ganze wurde mit einer merkwürdigen Evidenz-Gewißheit vorgetragen. Origenes bietet in seinen »Vier Büchern von den Prinzipien« genau dieses Schema von Hervorgang, gestufter Vielheit und Rückkehr, was sich bei ihm (für christlich-dogmatisch geübte Ohren vielleicht am schnellsten verständlich) darin niederschlägt, daß sein System – völlig zwingend und folgerichtig – einen strengen Subordinatianismus in der Trinität impliziert: Es gibt nur *ein* oberstes und ungeteiltes Sein. Der Logos bzw. Sohn ist ihm qualitativ untergeordnet und diesem noch einmal der Geist – ein Problem im posthumen Streit um die Rechtgläubigkeit des Origenes.
Bei Origenes spielen in der Ausfüllung des Systems oder Schemas freilich die Themen der kirchlichen Dogmatik seiner Zeit eine Rolle, aber dominierend ist exakt die gnostische Sequenz von Ursprungsangabe, Beschreibung des Falls, der Folgen und Chancen, der Zukunft als Eschaton und Heil. Zu den vom Christentum, nicht vom gnostischen System bedingten Themen bei Origenes gehört z. B., daß er streng monotheistisch denkt und keinen Demiurgen als Schöpfergott neben dem höchsten Gott kennt. Von daher denkt er über die Schöpfung anders, nämlich letztlich ungnostisch, aber noch solche Differenzen lassen sich weithin systemkonform stilisieren und einpassen. Nicht anders

ist das bei dem gravierenden Unterschied zur Gnosis, die der hohe Ansatz des Willens- und Freiheitsprinzips bedeutet, mit dem Origenes die für das System unverzichtbare und typische Bewegung (von oben nach unten und zurück) beginnen und fortdauern läßt. In gnostischen, speziell den valentinianischen Spekulationen war ein präkosmischer »Unfall« die Ursache des Falls, und zwar ausgelöst durch Unwissenheit oder Leidenschaft. Auch bei Origenes gibt es den Fall und eine Ursache dafür, aber die Ursache ist hier die freie willentliche Entscheidung der Geistwesen für oder gegen Gott, für Gut oder Böse. Davon geht Origenes nicht ab: Der Status und die Hoffnung der Geistwesen (ob Menschen, Engel, Mächte oder Satan) ist selbstverursacht und durch Entscheidung veränderbar – nicht durch Gnosisempfang. Aber dieses und weiteres, das zu nennen wäre, bedeutet keinen Bruch des Systems, das in Grenzen flexibel ist.

Noch einmal: Origenes war kein Gnostiker, hat aber seine Theologie des Christentums in ein Schema der paganen Gnosis gefaßt, entschlossen und überzeugt von der Möglichkeit und Legitimität, wenn auch experimentell. Origenes hat sich damit von der Gemeindetheologie recht weit entfernt und sich noch für uns schwer lesbar gemacht, weil es so fremd ist für nahezu jede christliche Tradition, was er gedacht hat. Die Kirche hat ihn in seinen Homilien und Kommentaren zur Bibel immer gelesen, in etlichen systematischen Positionen aber schroff abgelehnt. Insofern ist Origenes an seiner Faszination durch die Gnosis »gescheitert«, denn die Rezeption des Systems brachte ihn zu den drei Kapitalsünden gegen die Orthodoxie (allerdings erst des 4. und 5. Jh.), die man ihm besonders übel nahm: zum Subordinatianismus, zur Annahme der Präexistenz der Seelen, zur Hoffnung auf die Apokatastasis (Wiederherstellung) von allem zum für alle glücklichen Ende samt Satans Bekehrung und Rehabilitierung. Einer der führenden Köpfe der frühen Kirche ließ sich von den Gnostikern in seiner Stadt und von deren Grundrissen eines umfassenden Weltwissens inspirieren, übrigens bis in die esoterischen und kontemplativen Verlängerungen der Doktrin hinein. In den buntesten und unwahrscheinlichsten Mutationen ist es dabei geblieben, daß die spätantike Gnosis im kirchlichen Christentum als Ketzerei denunziert und als Faszination geliebt worden ist.

Drei gnostische Archonten, ein Detail auf einem koptischen Amulett, Ägypten, 6. oder 7. Jh. n. Chr.

Archonten (= Herrscher) ist im gnostischen Mythos der Name für feindliche Geister und Dämonen, von denen die Räume zwischen dieser Erde und dem Lichtreich des oberen Gottes behaust und beherrscht werden. Sie wollen der Seele den Rückweg in ihre himmlische Heimat versperren und das gesamte Unheil der Welt verlängern. Darum sind sie – als mythische Chiffre für die Gefährdung des Menschen – Feind und Gefahr für den Gnostiker, der sich vor ihren Anschlägen ständig schützen muß. Und Schutz geben ihm die Mittel der Magie (wie dieses Amulett). Die Gnosis konnte auch diese vulgären Formen annehmen.

III Gnostische Texte

Die folgenden fünf Beispiele aus gnostischen Texten sind danach ausgewählt, daß sie einen internen thematischen Zusammenhang bieten und folglich relativ mühelos zu lesen sind, daß sie außerdem verschiedene literarische Gattungen (Mythos, Lied, Homilie und Psalm) repräsentieren aus der großen Formenvielfalt der gnostischen Literatur und schließlich zentrale Stichworte bzw. Aussagen enthalten, wie sie oben in der Beschreibung der Gnosis schon begegnet sind. Solche Stichworte sind auch in den Kurzerklärungen zu diesen Texten aufgegriffen, um eine Brücke zu den Teilen I und II zu schlagen. Bei den Texten handelt es sich wie auch im Darstellungsteil freilich um eine Selektion, die im Verhältnis zu dem, was diese Religion darstellte und produziert hat, recht bescheiden bleibt.

Die Fundorte dieser Texte aus gnostischen Quellen sind auf S. 100 nachgewiesen.

1 Barbelognostiker

Der Text ist ein Beispiel für die vielen Berichte, die die frühkirchlichen Apologeten zur Aufklärung über die Gnosis verfaßt haben. Man sieht die Sorgfalt, mit der Irenäus sich kundig gemacht hat und die Denksysteme der einzelnen Schulen sehr detailliert nacherzählt. Typisch ist die polemische Rahmung des an sich sachlichen Berichts (»wie Pilze aus der Erde hervorschießen«; »derart sind ihre Lügen«). Typisch ist auch die Aufzählung der Lehren: Die Apologeten sind überzeugt, daß den Gnostikern die einzelnen Lehren so wichtig sind wie der Kirche die ihren und daß eine bloße Darstellung das gnostische Denken in seiner Absurdität erledigt, weshalb so genau kopiert wird. Typisch ist ferner die Darstellung von verwirrend komplizierten Emanationen mit ihren tiefsinnigen und beziehungsreichen Bezeichnungen für die Gestalten, die das Pleroma bevölkern. Das vorliegende ist eines derjenigen Systeme, die von Vater, Logos und Christus reden, sich also biblisch-christliche Elemente angeeignet haben. Der Text bietet die spezifisch gnostischen Themen vom Pleroma, vom Erlöser, vom vollkommenen Menschen (Adamas), von vollkommener Gnosis und ihrer Verbindung mit dem Menschen, andererseits aber von der Entstehung dieser hiesigen minderen Welt aus Begier (der Sophia), aus Ekel und Unwissenheit durch den (vom »Vater« unterschiedenen »Schöpfer dieser Welt«, der »Unwissenheit ist«), so daß seine Kreaturen entsprechend negativ sind, und zwar ist das der Gott der jüdischen Bibel, der sich in irriger Selbsteinschätzung maßlos übernimmt. Die gnostischen Entwürfe stellen sich in der Mehrzahl in solcher extrem mythologischen Einkleidung dar, die dem heutigen Leser den Nachvollzug und Durchblick nicht erleichtern, bei denen der Gnostiker sich aber offenbar im Element fühlte.

1 Außer diesen aber (scil. den im vorigen Abschnitt bei Irenaeus angeführten Gnostikern) ist von den obengenannten Simonianern auch die große Zahl von Barbelognostikern hergekommen, so wie Pilze aus der Erde hervorschießen. Wir zählen ihre hauptsächlichen Lehren auf.
Etliche von ihnen nehmen einen Aion an, der in jungfräulichem Geiste nicht altert, und den sie Barbelo nennen. Dort ist auch ein unnennbarer Vater; er wollte sich der Barbelo offenbaren. Da ging die Ennoia (Gedanke) hervor, stellte sich vor sein Antlitz und forderte die Prognosis (Vorerkenntnis). Als auch diese hervorgegangen war, trat auf beider Verlangen die Incorruptela (Aphtharsia, Unvergänglichkeit) hervor, und hierauf die Vita Aeterna (Zoe Aionia, Ewiges Leben).
Die Barbelo frohlockte in diesen Aionen und blickte auf die Größe (scil. den Urvater): diese (scil. die Größe) zeugte in ihr, die sich an der Empfängnis freute, ein Licht, das ihr (scil. der Barbelo) ähnlich war. Diese (scil. Barbelo) – so sagen sie – war der Anfang der Erleuchtung und Geburt von allen.
Als der Vater dieses Licht sah, salbte er es mit seiner eigenen Güte, damit es vollkommen würde. Dies ist, wie sie sagen, Christus. Dieser forderte seinerseits nach ihrer Lehre, daß ihm zur Hilfe der Nous (Vernunft) gegeben werde, und der Nous trat ins Dasein. Überdies emanierte der Vater den Logos. Es kamen Verbindungen zustande zwischen der Ennoia und dem Logos, der Aphtharsia und Christus. Die Zoe Aionia wurde mit dem Aion Thelema (Wille), der Nous mit der Prognosis verbunden. Diese nun verherrlichten das Große Licht und die Barbelo.
2 Hierauf wurde, so lehren sie, von Ennoia und Logos der Autogenes (Selbstgeborener) emaniert zur Darstellung des Großen Lichtes. Dieser wurde hochgeehrt und alles ihm unterstellt. Zugleich mit ihm wurde die Aletheia (Wahrheit) emaniert, die mit dem Autogenes eine Verbindung einging. Vom Lichte, das Christus ist, und von der Aphtharsia wurden, wie sie sagen, vier

Leuchten emaniert, damit sie sich rings um den Autogenes stellen sollten. Von Thelema hinwieder und der Zoe Aionia wurden zum Dienste für die vier Leuchten vier Wesen emaniert, welche die Namen Charis (Gnade), Thelesis (Wollen), Synesis (Verständnis) und Phronesis (Denken) tragen. Charis wurde mit der großen, ersten Leuchte verbunden; das ist, wie sie (scil. die Gnostiker) wollen, der Erlöser und wird von ihnen Harmogenes genannt. Thelesis aber wurde der zweiten Leuchte, die auch Raguel heißt, Synesis der dritten, namens David, und Phronesis der vierten Leuchte, Eleleth genannt, zugeteilt.

3 Als so alle gefestigt waren, emanierte der Autogenes überdies den vollkommenen und wahren Menschen, den sie auch Adamas nennen, weil sowohl er als auch jene, von denen er stammt, unbezwungen sind. Er wurde mit dem ersten Licht von Harmogenes entfernt. Die vollkommene Gnosis wurde zugleich mit dem Menschen emaniert, dem sie zugesellt wurde. Daher erkannte auch dieser jenen, der über allem steht. Auch unüberwindliche Kraft wurde ihm vom jungfräulichen Geiste gegeben, in dem alle zur Ruhe kommen im Lobpreis des Großen Aion. Dadurch aber wurden, wie sie sagen, Mutter, Vater und Sohn offenbar. Aus der Verbindung von Mensch und Gnosis ging das Lignum (Holz) hervor, das sie ebenfalls Gnosis nennen.

4 Hierauf wurde vom ersten Engel, der neben dem Monogenes (Eingeborener) steht, der Heilige Geist emaniert, den sie auch Sophia (Weisheit) und Prunikos (lüstern) nennen. Als nun die Sophia sah, daß alle übrigen Aionen Verbindungen eingegangen waren und nur sie allein ohne Verbindung geblieben sei, suchte sie nach einem, mit dem sie sich vereinigen könnte. Als sie keinen fand, strengte sie sich an, dehnte sich aus und blickte hinab zu den unteren Gegenden, im Glauben, sie würde dort einen Gefährten finden. Als sie keinen fand, sprang sie heraus und wurde auch von Ekel erfaßt, da sie diesen gewaltsamen Versuch ohne die Zustimmung des Vaters gemacht hatte. Nach-

her gebar sie von Einfalt und Güte getrieben ein Gebilde, in dem Unwissenheit und Anmaßung waren. Dieses, ihr Werk, war Proarchon (Urherrscher), der Schöpfer dieser Welt. Wie sie erzählen, habe er eine große Kraft von seiner Mutter geraubt und sei von ihr zu den unteren Gegenden entwichen. Dort schuf er das Himmelsfirmament, in dem er weilt. Und da er Unwissenheit ist, machte er, was unter ihm steht: Mächte, Engel, Firmamente und alles Irdische. Darauf verband er sich mit der Anmaßung und erzeugte Kakia (Bosheit), Zelos (Eifersucht), Phthonos (Neid), Erinys (Rachsucht), Epithymia (Begierde). Nachdem diese geboren wurden, entfloh die Mutter Sophia in Trauer und zog sich nach oben zurück, und so entsteht die Ogdoas (Achtheit) für jene, die abwärts zählen. Als sie sich zurückzog, meinte der Weltschöpfer, er wäre allein, und sagte deshalb: »Ich bin ein eifernder Gott und außer mir gibt es keinen« (Mischzitat, vgl. Ex 20,5; Is 45,5. 6; 46,9), und derart sind ihre Lügen.

2 Naassener – Psalm

Die Naassener gehörten zu einer Anzahl gnostischer Gruppen, die sich nach der Schlange (hebräisch: nachasch*) benannten oder einen Schlangenkult kannten, bei sehr konträrer Bedeutung der Schlange (rettend oder schädlich). Als Heils-Medium brachte sie die Gnosis, die den Menschen nach Gen 3 vom (minderen) Weltschöpfergott mißgönnt und vorenthalten wurde. Der kurze »Psalm« vermittelt sehr gut die gnostische Unheils- und Heilsstimmung. Die Seele (des Gnostikers) »quält sich« in dieser Welt der »Knechtschaft des Todes« ab wie eine Hirschkuh, der als Ausweg im Dickicht nur »ein Labyrinth« (das Verderben)* *bleibt. Auch hier die (längst nicht bei allen Gnostikern übliche) christliche Version der Erlösung: Jesus kommt auf kosmischen Bahnen und bringt die befreiende Gnosis »des Heiligen Weges«.*

Entstehungsgesetz des Alls war der erstgeborene Nous.
Das zweite (Gesetz) aber war des Erstgeborenen ausgegossenes Chaos.
Als dritte empfing die Seele . . . das Gesetz,
Deshalb, bekleidet mit der Gestalt einer Hindin,
Quält sie sich ab in der Knechtschaft des Todes.
Bald hat sie die Herrschaft und erblickt das Licht;
Bald wird sie in Jammer gestoßen und weint;
Bald wird sie beweint und freut sich;
Bald weint sie und wird gerichtet;
Bald wird sie gerichtet und stirbt;
Bald kommt sie auch dahin,
Daß sie keinen Ausweg mehr kennt, bedrängt von Übeln;
Irrend gelangte sie in ein Labyrinth.
Da sprach Jesus: »Siehe, Vater!
Von Übeln heimgesucht wandert sie auf Erden,
Ferne von deinem Hauch irrt sie umher.
Sie will dem bitt'ren Chaos entfliehen
Und weiß nicht, wie sie entrinnen soll.
Deshalb, o Vater, entsende mich!
Ich will hinabsteigen, Siegel tragend, alle Aionen durchwandern
Und alle Mysterien enthüllen.
Ich will die Gestalten der Götter offenbaren
Und die Geheimnisse des Heiligen Weges lehren,
Die ich Gnosis nenne.«

3 Das »Perlenlied«

(Gesang des Apostels Judas Thomas im Lande der Inder)

Eine sachkundige Kurzerklärung des Liedes hat G.Bornkamm gegeben[122]*: »Das Perlenlied gehört zu den schönsten Dokumenten der Gnosis, die uns erhalten sind. Eingekleidet in eine märchenhafte Erzählung läuft in der Dichtung in seltener Reinheit und Vollständigkeit, unverwirrt durch kosmische Spekulationen, der gnostische Erlösungsmythos ab; nichts deutet dabei auf christlichen Ursprung.« Die wichtigsten Motive sind darin »die Aussendung des Königssohnes als kleines Kind (des himmlischen Gesandten), das Ausziehen des Lichtgewandes« für diesen Zweck, das die Zugehörigkeit zum Lichtreich, also das andere, »eigentliche« Dasein bedeutet; »der Auftrag, die Perle zu holen«, die die verlorene Seele, das aus dem »Haus des Vaters« in diese Welt (in die Menschen) gefallene und gefangene Licht bedeuten muß; »die Ausstattung mit Wegzehrung und Reisegeld«, die für die weite, lange Reise (des Erlösers) gegeben wird und die Gnosis sowie den Preis bedeuten dürften, der den feindlich gesinnten Archonten (Wächtern im Zwischenbereich zwischen Pleroma und Welt) für den Durchlaß zu zahlen ist; »sodann der Auszug mit zwei Begleitern . . ., das Fremdsein und die Verkleidung der Gesandten«, die ja überhaupt nicht zu dieser Welt gehören; die »Überlistung (des gesandten Königssohnes) durch die Zauberspeise der bösen Mächte«, die das Zustandekommen des Heils (als Rückkehr der Perle) verhindern wollen, »sein Schlaf und das Vergessen von Herkunft und Auftrag«. Das entgeht den »Eltern« nicht, und sie halten Rat »in unserem Reich« und beschließen die Rettung. Sie schicken einen Himmelsbrief mit diesem Inhalt, der – typisch gnostisch – Erwecken von Schlaf und Vergessen sowie Erinnerung an das eigene (pneumatische) Wesen, an die eigene Herkunft, und Bewußtwer-*

den des Auftrags in dieser Welt und Erkenntnis des gegenwärtigen Elends auslösen wird. Der Brief fliegt als Adler herab (»Adler... im Mandäischen und Christlichen häufig für den Erlöser«), wird »ganz Rede (Stimme), also Ruf für den Schlafenden«. »Endlich die Überwindung der Mächte, der Raub der Perle, das Ablegen des [tarnenden] schmutzigen Erdengewandes, die Heimfahrt unter Führung des ›Briefes‹, der selbst zum Lichtboten geworden ist, das Zusammentreffen mit dem ihm entgegengesandten, von zwei Schatzmeistern überbrachten Lichtgewand ... und zum Schluß die Heimkehr in den väterlichen Palast.«
Man erkennt leicht, daß hier eine doppelte Erlösung erzählt wird, die Erlösung des Erlösers und die Rettung der Seele. Erlöser und Seele haben in der Gnosis nämlich denselben Ursprung, dasselbe Schicksal und Wesen. Man sieht das in der Parallele der Erlösungsbedürftigkeit beider und darin, wie der Königssohn die Perle in der Form heimbringt, daß er selbst mit seinem himmlischen Abbild wieder eins wird, d. h. seine Zugehörigkeit zum »Vaterhaus« wie rettend erlebt.

108 Als ich ein kleines Kind war und in meinem Königreiche, in meinem Vaterhause, wohnte und mich erfreute am Reichtum und an der Pracht meiner Erzieher, entsandten mich meine Eltern vom Osten, unserer Heimat, nachdem sie mich ausgerüstet hatten. Und aus dem Reichtum unseres Schatzhauses schnürten sie mir eine Last zusammen, groß, doch leicht, so daß ich sie allein tragen konnte: Gold vom Hause der Hohen und Silber vom großen Ga(n)zak, Chalzedone aus Indien und Achate vom Reiche Kuschan. Und sie umgürteten mich mit dem Diamant, der Eisen ritzt, und sie zogen mir das strahlende Gewand aus, das sie mir in ihrer Liebe gemacht hatten, und die purpurne Toga, die nach dem Maße meiner Gestalt gewebt war. Und sie schlossen mit mir einen Vertrag und schrieben ihn mir in mein Herz, damit er nicht in Vergessenheit gerate: »Wenn du nach Ägypten hinabsteigst

und die Perle bringst, die in der Mitte des Meeres ist, das der zischende Drache umschließt, dann sollst du dich wiederum in dein strahlendes Gewand und in deine Toga kleiden, die darauf liegt, und sollst mit deinem Bruder, unserem Zweiten, Erbe in unserem Reiche sein.«

109 Ich brach auf vom Osten und stieg hinab, geleitet von zwei Wächtern, denn der Weg war gefährlich und schwierig und ich war zu jung, ihn (allein) zu gehen. Ich durchschritt das Gebiet von Maischan, dem Treffpunkt der Kaufleute des Ostens, und kam zum Lande Babel und betrat die Mauern von Sarbug. Ich stieg hinab nach Ägypten, und meine Gefährten verließen mich. Ohne Umweg ging ich zum Drachen, nahm Wohnung nahe bei seiner Stätte, bis er schlummern und schlafen würde und ich die Perle ihm wegnehmen könnte. Und da ich völlig allein und den Mitbewohnern meiner Herberge ein Fremder war, erblickte ich dort einen Mann meines Stammes, einen Edelmann aus dem Osten, einen schönen und anmutigen Jüngling, einen Sohn Gesalbter, und er kam und hing mir an. Ich machte ihn zu meinem Freund und meinem Gefährten und ließ ihn teilhaben an meinem Handel. Ich warnte ihn vor den Ägyptern und vor den Beziehungen zu den Unreinen. Ich aber bekleidete mich mit ihren Gewändern, damit sie nicht gegen mich Verdacht schöpften, ich sei von auswärts gekommen, um die Perle zu nehmen, und damit sie nicht den Drachen gegen mich aufweckten. Aus irgendeinem Grunde jedoch bemerkten sie, daß ich nicht einer der Ihren war. Und sie näherten sich mir listigerweise und gaben mir ihre Nahrung zu essen. Ich vergaß, daß ich ein Königssohn war, und diente ihrem König. Und die Perle vergaß ich, um derentwillen mich meine Eltern entsandt hatten. Und durch die Schwere ihrer Speisen versank ich in tiefen Schlaf.

110 Aber all dies, was sich mit mir begab, ward meinen Eltern kund, und sie trauerten meinetwegen. Und in unserem Königreiche wurde verkündet, daß ein jeder zu unserem Tore komme: Die

Könige und Häupter von Parthien und alle Großen des Ostens. Und meinetwegen faßten sie einen Entschluß, daß man mich nicht in Ägypten lassen solle. Und sie schrieben einen Brief an mich, und jeder Große unterfertigte ihn mit seinem Namen: »Von deinem Vater, dem König der Könige, und deiner Mutter, der Herrin des Ostens, und von deinem Bruder, unserem Zweiten, dir, unserem Sohne in Ägypten, Gruß.

Auf, erhebe dich von deinem Schlaf und höre auf die Worte unseres Briefes. Erinnere dich, daß du ein Königssohn bist. Siehe die Versklavung, siehe wem du dienst! Entsinne dich der Perle, derentwegen du nach Ägypten geschickt wurdest! Erinnere dich deines strahlenden Gewandes und gedenke deiner prächtigen Toga, die du tragen sollst und mit der du geschmückt sein sollst, daß im ›Buche der Starken‹ dein Name gelesen werde! Und mit deinem Bruder, unserem Stellvertreter, zusammen sollst du Erbe in unserem Reiche sein!«

111 Der Brief war ein Brief, den der König mit seiner Rechten gesiegelt hatte, (um zu schützen) vor den Bösen, den Leuten von Babel und den wilden Dämonen von Sarbug. Er flog wie ein Adler, der König der Vögel. Er flog und ließ sich neben mir nieder, als ganzer wurde er Wort. Bei seiner Stimme, dem Geräusch seines Rauschens, erwachte ich und erhob mich von meinem Schlaf. Ich nahm ihn auf und küßte ihn und löste sein Siegel und las. Ganz so wie in meinem Herzen aufgezeichnet, waren die Worte meines Briefes geschrieben. Ich entsann mich, daß ich ein Königssohn sei und daß meine Freiheit nach Verwirklichung dränge. Ich erinnerte mich an die Perle, um derentwillen ich nach Ägypten gesandt worden war, und ich begann den laut schnaubenden Drachen zu beschwören. Ich versenkte ihn in Schlummer und Schlaf, da ich den Namen meines Vaters über ihm aussprach und den Namen unseres Zweiten und den meiner Mutter, der Königin des Ostens. Und ich ergriff die Perle und wandte mich um, in mein Vaterhaus zurückzukehren. Und ich

zog ihr (scil. der Ägypter) schmutziges und unsauberes Gewand aus und ließ es in ihrem Lande zurück. Und ich nahm meinen Weg zum Licht unseres Landes, zum Osten. Und meinen Brief, meinen Erwecker, fand ich auf dem Wege vor mir; wie er mich durch seine Stimme geweckt hatte, so führte er mich nun mit seinem Lichte, auf chinesischem Stoff mit Rötel (geschrieben), mit seinem Aussehen vor mir strahlend, mit der Stimme seiner Führung gab er mir Mut und zog mich mit seiner Liebe. Ich zog vorwärts und durchquerte Sarbug. Ich ließ Babel zu meiner Linken und gelangte zum großen Maischan, zum Hafen der Kaufleute am Ufer des Meeres. Und das strahlende Gewand, das ich abgelegt hatte, und meine Toga, die es umhüllte, hatten meine Eltern von den Höhen Hyrkaniens durch ihre Schatzmeister hierhergesandt, die wegen ihrer Treue damit betraut wurden.

112 Und wiewohl ich mich nicht seiner (scil. des Gewandes) Würde entsann – denn ich hatte doch mein Vaterhaus in meiner Kindheit verlassen –, so wurde das strahlende Gewand doch plötzlich, als ich es mir gegenüber sah, wie mein Spiegelbild mir gleich. Ich sah es gänzlich in mir, und ich sah mich in ihm mir gegenüber, denn wir waren zwei in Verschiedenheit und doch wiederum eins in einer Gleichheit. Und auch die Schatzmeister, die es mir gebracht hatten, sah ich in gleicher Weise: Sie waren zwei und doch waren sie gleich an Gestalt. Denn ein Siegel des Königs war auf sie gedrückt, dessen, der mir meinen Schatz und meinen Reichtum durch sie zurückstellte, mein strahlendes Gewand, geziert mit der Pracht herrlicher Farben, mit Gold und mit Beryllen, Chalzedonen und Achaten und mit verschiedenfarbenen Sardonen. Es war in seiner Erhabenheit angefertigt worden, mit Diamantsteinen waren alle seine Nähte befestigt, und das Bild des Königs der Könige war in voller Größe überall aufgemalt. Saphirsteinen gleich waren seine Farben gewirkt.

113 Ich sah, daß in seinem ganzen Umfang die Bewegungen meiner Gnosis aufzuckten, und ich sah, daß es sich bereitmachte

wie zum Sprechen. Ich hörte den Laut seiner Melodien, die es flüsterte bei seinem Herabkommen: »Ich gehöre zum hurtigsten Diener, den sie vor meinem Vater großgezogen haben, ich habe in mir verspürt, daß meine Gestalt mit seinen Werken wuchs.« Und mit seinen königlichen Gesten streckte es sich mir entgegen, und es eilte an der Hand seiner Überbringer, daß ich es nähme. Und auch mich trieb meine Liebe an, ihm entgegenzueilen und es zu empfangen. Und ich streckte mich hin und empfing es. Mit der Pracht seiner Farben schmückte ich mich und hüllte mich ganz in meine Toga von glänzenden Farben. Ich kleidete mich in sie und stieg auf zum Tor der Begrüßung und der Anbetung. Ich beugte mein Haupt und verehrte den Glanz meines Vaters, der es mir gesandt hatte, dessen Befehle ich befolgt hatte, so wie auch er tat, was er verheißen hatte, und am Tore seiner Satrapen gesellte ich mich zu seinen Großen, denn er hatte Wohlgefallen an mir und nahm mich auf, und ich war mit ihm in seinem Reiche. Und beim Klange von Wasserorgeln (?) priesen ihn alle seine Diener dafür, daß er verkündete, daß ich zum Tore des Königs der Könige gehen solle und mit der Opfergabe meiner Perle mit ihm zusammen vor unserem König erscheinen solle.

4 Das Evangelium der Wahrheit

Die vielversprechende Überschrift ist nicht der Titel dieser Schrift. Da sie keinen Titel hat, werden gewöhnlich diese Anfangsworte dazu eingesetzt. Der Form nach haben wir kein Evangelium, sondern eine Homilie vor uns. In den Texten bisher war jeweils eine bestimmte Ordnung oder ein konsequenter Aufbau gnostischer Systematik leicht erkennbar, mythologisch, narrativ-chronologisch oder poetisch präsentiert. Das fehlt hier in einer vergleichbaren Form. Es handelt sich um »ein Produkt meditativen Denkens«[123]*. In eindrucksvoller Sprache wird das Thema umkreist und meditiert. Und zwar geht es darum, die Erlösung der erwählten Menschen durch Jesus zu erklären bzw. um die Gestalt des Erlösers selbst. Aber weil die Rettungsgeschichte des Menschen sich für das gnostische Denken nicht in Privatgeschichten erschöpft, sondern zum universellen, kosmischen Geschehen gehört und lediglich einen Ausschnitt im großen kosmischen Drama darstellt, sind in dieser Schrift Themen dieses universellen Inhalts mitbesprochen. Beide, Universal- und Individual-Soteriologie, Universal- und Individual-Eschatologie, haben sich ineinander geschoben. Außer von den Menschen ist vom Drama der Äonen die Rede, dieser in der Gnosis geläufigen Wesen von ambivalenter Qualität in jener anderen, oberen Welt. Die Schrift handelt von ihrer Entstehung aus dem Vater und vom Wirken des Logos an ihnen, damit sie den Vater erkennen. Diese Erkenntnis (Gnosis) gelingt aber nicht, wodurch verheerende Folgen eintreten: Aus Unruhe, Schrecken und Angst können sie gar nicht mehr »erkennen« und versinken in Vergessenheit und Irrtum. Sie verlassen unglückseligerweise das Pleroma, und dabei entsteht aus dem Irrtum der Demiurg (Weltschöpfer), der die hiesige erbärmliche Welt als Aufenthaltsort der gefallenen Äonen schafft. Für diesen Sündenfall gibt es aber einen Heilsplan des Vaters, der das Universum umfaßt. Er macht die Vollendung der Äonen als Rückkehr zum Vater möglich, indem der Vater ihnen die Erkenntnis (Gnosis) schenkt. Das ganze Universum braucht ein Heil, weil es durch das Versagen der Äonen instabil geworden ist. Das ist ein dramatischer Prozeß, in den die Gnostiker sich mit ihrem eigenen Interesse am Heil involviert verstehen.*

Man sieht: Wenn die Gnosis das individuelle Heil des (gnostischen) Menschen erklären will, greift sie (freilich in ganz mythischen Formen und Vorstellungen) holistisch auf die umfassenden universellen, kosmischen Bezüge aus, in die sie den Menschen eingebunden sieht. Diese doppelte Thematik und den meditativen Stil ihrer Entfaltung in dieser Schrift muß man bei der Lektüre für das Verständnis beachten.

16,31 Das Evangelium der Wahrheit ist Frohlocken für die, die vom Vater der Wahrheit die Gnade empfingen, ihn zu erkennen durch die Kraft des Wortes, das hervorging aus dem Pleroma (und) das im Gedanken und im Nous (Vernunft) des Vaters war, das (scil. das Wort) ist der, den man den Soter (Erlöser) nennt, nach dem Namen des Werkes, das er vollbringen wird zur Errettung derer, die
17,1 ohne die Gnosis des Vaters waren, wobei dieser Name »das Evangelium« Offenbarung der Hoffnung ist, es ist der Fund für die, die ihn (scil. den Vater) oder aber das Evangelium suchen, weil das All (scil. die Gesamtheit der Aionen) den suchte, aus dem es hervorgegangen war.
Und das All war im Inneren des undenkbaren Unbegreiflichen, der erhaben ist über jeglichen Gedanken, wobei die Unwissenheit im Hinblick auf den Vater Angst und Schrecken erzeugte. Die Angst aber verdichtete sich gleich einem Nebel, so daß niemand herausschauen konnte. Aus diesem Grunde gewann die Plane (Irrung) an Kraft. Sie arbeitete an ihrer Hyle (Materie) im Leeren, ohne die Wahrheit zu erkennen.
Sie (scil. die Plane) begann in einem Gebilde den Ersatz der Wahrheit mit Kraft in Schönheit zu bereiten.
Dies war aber keineswegs eine Erniedrigung für ihn, den undenkbaren Unbegreiflichen, denn nichts war (eigentlich) die Angst und das Vergessen und das Gebilde der Lüge, da ja die festgegründete Wahrheit unveränderlich und unerschütterlich ist und keiner Verschönerung bedarf. Verachtet deshalb die Plane!
Auf diese Weise hat sie keine Wurzel, sie entstand in einem Nebel (scil. in Unwissenheit) in Bezug auf den Vater. Da sie

(nun) existiert, bereitet sie Werke und Vergessen und Schrecknisse, um dadurch die Wesenheiten der Mitte herabzuziehen und einzukerkern.
Das Vergessen der Plane (scil. das von ihr erzeugte Vergessen) wurde nicht geoffenbart, es ist nicht ein
18,1 Gedanke beim Vater. Das Vergessen ist nicht beim Vater entstanden, obwohl es in Hinblick auf ihn entstanden ist. Das, was aber in ihm entsteht, ist die Gnosis, die geoffenbart wurde, damit das Vergessen vernichtet werde und damit die (scil. die Aionen) den Vater erkennen.
Da einmal das Vergessen entstanden ist, weil sie den Vater nicht erkannten, so wird dann, wenn sie den Vater erkennen, das Vergessen hinfort nicht mehr entstehen. Dies ist das Evangelium dessen, nach dem sie suchen, das er geoffenbart hat denen, die vollendet sind durch die Barmherzigkeit des Vaters, (er), das verborgene Mysterium, Jesus Christus. Er erleuchtete damit die, welche in der Finsternis sind wegen des Vergessens.
Er erleuchtete sie und gab ihnen einen Weg. Der Weg aber ist die Wahrheit, die er sie lehrte.
Deswegen grollte ihm die Plane. Sie verfolgte ihn, sie wurde durch ihn gefährdet, sie wurde zunichte. Er wurde an einen Baum genagelt, er wurde zu einer Frucht der Gnosis des Vaters. Sie brachte nicht Verderben, da man sie verzehrte, sondern die, welche davon aßen, ließ er in Freude geraten über diesen Fund. Er (scil. der Vater) jedoch fand sie in sich, und sie fanden ihn in sich, den undenkbaren Unbegreiflichen, den Vater, der vollkommen ist, der das All (scil. die Aionenwelt = Pleroma) geschaffen hat und in dem das All war, und dessen das All ermangelte, da er seine Vollendung, die er dem All nicht gegeben hatte, in sich zurückbehielt. Der Vater ist nicht neidisch, denn welcher Neid könnte sein zwischen ihm und seinen Gliedern? Hätte nämlich
19,1 dieser Aion auf solche Weise ihre Vollendung empfangen, so hätten sie nicht vermocht, zum Vater zu gelangen, hält er

ja ihre (scil. der Glieder) Vollendung zurück in sich und gibt sie ihnen als Rückkehr zu ihm und als Gnosis, einzigartig in Vollendung, er, der das das All schuf und in dem das All ist. Und das All ermangelte seiner, so, wie jemand, der manchen unbekannt ist, wünscht, daß sie ihn erkennen und ihn in gleicher Weise lieben.

Was ist es denn, dessen das All ermangelt, wenn nicht der Gnosis des Vaters? Er (scil. Jesus Christus) wurde zu einem Weiser des Weges in den Schulen, er war sanft und bedächtig. Er erschien, er sprach das Wort als Meister. Es kamen zu ihm die, welche allein in ihrem (eigenen) Herzen weise waren, um ihn zu versuchen, er aber beschämte sie, denn sie waren nichtig. Sie haßten ihn, weil sie in Wahrheit unverständig waren.

Nach all dem kamen auch die Kleinen zu ihm, die, deren Eigentum die Gnosis des Vaters ist. Da sie gefestigt wurden, waren sie über die Erscheinungsbilder des Vaters belehrt worden. Sie erkannten, sie wurden erkannt, sie wurden gerühmt, sie rühmten.

In ihrem Herzen wurde das lebende Buch der Lebenden geoffenbart, welches geschrieben ist im Gedanken und im Nous
20,1 des Vaters, und seit (der Zeit) vor der Begründung des All ist es in dem, was an ihm unzugänglich ist, und niemand hat Kraft, es (scil. das Buch) fortzunehmen, weil sie dem vorbehalten ist, der es fortnehmen wird und den man schlachten wird.

Niemand von denen, die an das Heil glaubten, hätte offenbar werden können, wenn jenes Buch nicht erschienen wäre.

Deshalb erbarmte sich der erbarmungsvolle und treue Jesus, indem er die Leiden ertrug, bis er jenes Buch nahm, denn er wußte, daß dieser sein Tod Leben für Viele ist. Wie das Vermögen des verstorbenen Hausherrn geheim bleibt, solange das Testament uneröffnet ist, so blieb das All verborgen, weil der Vater des Alls unsichtbar war, er, der aus sich selbst existierte.

Er, aus dem jeder Raum (scil. Aion) kommt.

Deshalb offenbarte sich Jesus. Er hüllte sich in jenes Buch. Man nagelte ihn an einen Baum. Er heftete die Verfügung des Vaters an das Kreuz. O, was für eine große und erhabene Lehre. Er erniedrigt sich bis hinab zum Tode, während das ewige Leben ihn bekleidet.
Nachdem er die vergänglichen Lumpen abgelegt hatte, bekleidete er sich mit der Unvergänglichkeit, die niemand ihm entreißen kann. Da er in die leeren Räume (scil. Aionen) des Schrekkens eingetreten war, zog er an denen vorbei, die durch Vergessen entblößt waren, indem er Gnosis und Vollendung ist, und indem er verkündet, was im Herzen
21,1 des Vaters war, damit sein Wort lehre die, welche die Lehre annehmen werden.
Die aber, welche lernen, sind die Lebenden, die eingeschrieben sind im Buche der Lebenden, sie empfangen die Lehre für sich selbst allein. Sie empfangen sich durch den Vater, wenn sie sich ihm wiederum zukehren. Weil die Vollendung des Alls im Vater ist, deshalb ist es für das All notwendig, zu ihm aufzusteigen. Wenn dann jemand die Gnosis hat, so nimmt er das, was ihm eigen ist, und zieht es zu sich. Denn wer ohne Gnosis ist, ist mit Mangel behaftet, und es ist Großes, was ihm mangelt, denn er ermangelt dessen, der ihn vollenden soll.
Weil die Vollendung des Alls im Vater ist, ist es aber notwendig, daß das All zu ihm aufsteige und daß ein jeder einzelne das nehme, was ihm eigen ist. Er hat sie im vorhinein eingeschrieben, indem er sie vorbereitete, um sie denen zu geben, welche aus ihm gekommen sind.
Die, deren Namen er im voraus wußte, wurden zuletzt gerufen, so daß einer, der Gnosis hat, derjenige ist, dessen Namen vom Vater ausgesprochen wurde.
Denn der, dessen Namen nicht ausgesprochen wurde, ist unwissend. Wie wird denn jemand hören, dessen Name nicht genannt wurde? Denn der, welcher bis zum Ende unwissend ist, ist ein

Gebilde des Vergessens, und er wird vernichtet zusammen mit ihm.

Wenn dem nicht so ist, warum empfangen diese Elenden nicht
22,1 ihren Namen und nehmen die Stimme nicht wahr? So daß,
wenn jemand Gnosis hat, er ein Wesen ist, das von oben stammt. Wenn man ihn ruft, so hört er, so antwortet er und wendet sich dem zu, der ihn ruft, um zu ihm emporzusteigen, und erkennt, wie man ihn ruft. Da er Gnosis hat, vollbringt er den Willen dessen, der ihn gerufen hat. Er wünscht ihm zu gefallen, er empfängt die Ruhe. Der Name des Einen kommt ihm zu. Wer auf diese Weise Gnosis haben wird, weiß, woher er gekommen ist und wohin er geht. Er erkennt wie jemand, der trunken war und von seiner Trunkenheit ernüchtert worden ist und, wiederum zu sich zurückgekehrt, sein Eigenes wieder hergestellt hat. Er hat viele abwendig gemacht von der Plane, er zog ihnen voran bis zu ihren Räumen, von denen sie sich entfernt hatten, als sie die Plane empfingen, wegen der Tiefe dessen, der alle Räume umfaßt, ohne daß ihn etwas umfaßt.

Ein großes Wunder war es, daß sie im Vater waren und ihn dabei nicht erkannten, und daß sie selbst imstande waren, herauszukommen, weil sie ja den nicht in sich aufnehmen und erkennen konnten, in dem sie waren. Denn so war sein Wille nicht aus ihm herausgetreten. Er offenbarte ihn (scil. den Willen) nämlich in Gnosis, wobei seine Emanationen alle mit ihm verbunden waren.

Dies ist die Gnosis des lebenden Buches, das er offenbarte
23,1 den Aionen am Ende seiner Schöpfungen, ohne daß es
offenbar war.

Denn es sind weder Vokale noch Konsonanten, so daß, wer sie liest, an Leeres denkt, sondern es sind Buchstaben der Wahrheit, die man nur ausspricht, wenn man sie selbst erkennt. Jeder Buchstabe ist ein vollkommener Gedanke, so wie ein vollkommenes Buch. Es sind Buchstaben, geschrieben von der Einheit,

denn der Vater hat sie geschrieben, damit die Aionen durch diese seine Buchstaben den Vater erkennen. Seine Sophia (Weisheit) betrachtet das Wort. Seine Lehre spricht es aus. Seine Gnosis wurde offenbar. Seine Ehre ist wie ein Kranz auf ihm (scil. dem Buch). Seine (scil. des Vaters) Freude ist mit ihm (scil. dem Buch) verbunden. Sein Ruhm hat es erhöht. Seine Gestalt hat es geoffenbart. Seine Ruhe hat es in sich empfangen. Seine Liebe hat sich in ihm verleiblicht. Sein Vertrauen hat es umschlossen. Auf diese Weise geht das Wort des Vaters hinaus in das All, da es ist eine Frucht
24,1 seines Herzens und eine Erscheinungsform seines Willens. Er trägt jedoch das All. Er erwählt es (scil. die Aionen = das All) und überdies bekleidet er sich mit der Erscheinungsform des Alls, indem er sie (scil. die Aionen) reinigt und hinein zum Vater zurückwendet, hinein zur Mutter, Jesus von unendlicher Süße.
Es öffnet der Vater seinen Busen. Sein Busen aber ist das Heilige Pneuma. Er offenbart sein Verborgenes – sein Verborgenes ist sein Sohn –, damit die Aionen durch die Erbarmungen des Vaters ihn erkennen und aufhören, sich in der Suche nach dem Vater abzumühen, und damit sie in ihm zur Ruhe kommen und erkennen, daß dies die Ruhe ist. Indem er (scil. Christus) den Mangel auffüllte, löste er die Gestalt auf. Seine (scil. des Mangels) Gestalt ist die Welt, in der er Knecht war. Denn der Ort, an dem es Neid und Uneinigkeit gibt, ist Mangel. Der Ort aber, an dem die Einheit ist, ist Vollendung.
Weil nun der Mangel entstand, da sie (scil. die Aionen) den Vater nicht erkannten, so wird der Mangel dann hinfort nicht mehr entstehen, wenn sie den Vater erkennen, wie jemandes Unwissenheit in dem Augenblick, da er erkennt, sich von selbst auflöst, wie die Finsternis sich auflöst, sobald das Licht erscheint,
25,1 so löst sich auch der Mangel auf in der Vollendung. So wird hinfort die Gestalt nicht mehr offenbar sein, sondern wird sich auflösen in der Vereinigung mit der Einheit – jetzt nämlich

bestehen ihre Werke in gleicher Weise – zur Zeit, da die Einheit die Räume (scil. die Aionen) vollenden wird. Durch die Einheit wird ein jeder sich selbst empfangen. Er wird sich reinigen durch Gnosis aus der Vielheit heraus zur Einheit, indem er, einer Flamme gleich, die Hyle in sich verzehrt, die Finsternis durch Licht, den Tod durch Leben. Ist dies einem jeden von uns geschehen, so ist es für uns geziemend, vor allem daran zu denken, daß das Haus heilig und ruhig werde für die Einheit.

Wie Leute, die fortzogen von Orten, in denen sie an verschiedenen Plätzen schlechte Gefäße besaßen, die sie zerbrachen, so leidet der Herr des Hauses aber keinen Schaden, sondern er freut sich, denn an Stelle dieser schlechten Gefäße gibt es volle (Gefäße), die vollendet werden, denn das ist das Gericht, das
26,1 von oben gekommen ist und einen jeden gerichtet hat, als ein gezücktes Schwert mit zweifacher Schneide, das nach dieser und jener Seite schlägt.

Als das Wort, das im Herzen derer ist, die es aussprechen, erschienen war – es war nicht nur ein Laut, sondern es nahm auch einen Körper an –, entstand großer Schrecken unter den Gefäßen, denn einige waren leer, andere waren angefüllt worden, denn siehe: wieder andere waren verwahrt, andere umgestürzt, andere geheiligt, andere zerbrochen worden. Alle Räume gerieten in Bewegung und wurden in Schrecken versetzt, denn sie hatten weder Festigkeit noch Stand. Die Plane ängstigt sich, da sie nicht weiß, was sie tun soll. Sie ist niedergeschlagen, sie klagt, sie quält sich, weil sie nichts weiß. Da die Gnosis, welche ihr (scil. der Plane) und ihrer Emanation Verderben ist, sich der Plane genähert hat, ist diese leer und hat nichts in sich. Die Wahrheit erschien, und alle ihre Emanationen erkannten sie. Sie begrüßten den Vater in Wahrheit und in vollendeter Kraft, die sie (pl.) mit dem Vater vereinte. Ein jeder nämlich liebt die Wahrheit, ist die Wahrheit doch der Mund des Vaters und seine Zunge das Heilige Pneuma, das ihn

27,1 mit der Wahrheit vereinigt, das es ihn mit dem Munde des Vaters vereinigt durch seine Zunge, so er das Heilige Pneuma empfangen soll. Dies ist die Offenbarung des Vaters und seine Erscheinung für seine Aionen. Er offenbarte sein Verborgenes. Er erklärte es. Wer ist es denn, der empfängt, wenn nicht der Vater allein? Alle Räume sind seine Emanationen, sie, die ihn (scil. den Vater) erkannten, weil sie aus ihm hervorgegangen waren wie Kinder aus einem vollkommenen Menschen. Sie erkannten, daß sie noch nicht eine Form und einen Namen erhalten hatten, wobei der Vater jeden einzelnen (Namen) hervorbringt, zur Zeit, da sie (die) Form seiner Gnosis empfangen. Denn sie erkennen ihn nicht, obgleich sie in ihm sind. Der Vater jedoch ist vollendet und erkennt alle Räume, die in ihm sind. Wenn er es will, so offenbart er, was er will, und gibt ihm Gestalt und Namen. Und er gibt ihm einen Namen, und er läßt sie entstehen. Die, welche noch nicht entstanden sind, sind ohne Erkenntnis dessen, der sie hervorbrachte. Ich sage nun aber nicht, daß diese, welche noch nicht entstanden sind, nichts sind, sondern sie existieren

28,1 in dem, der wollen wird, daß sie entstehen, wenn er es wünscht, in der Art einer Zeit, die kommen wird.

Ehe (noch) alle Dinge hervorgetreten sind, weiß er, was er hervortreten lassen wird.

Die Frucht hingegen, die noch nicht erschienen ist, weiß nichts und tut auch nichts. In gleicher Weise ist auch jeder Raum (scil. Aion), der da im Vater ist, aus dem, der ist. Dieser hat ihn jedoch erbaut aus dem, das nicht existiert. Wer nämlich keine Wurzel hat, der hat auch keine Frucht, sondern er wird zerstört werden, wiewohl er bei sich denkt: »Ich bin entstanden (. . . Lücke . . .)«

Deshalb wird das, was gar nicht existierte, niemals entstehen. Was will er also, daß der Mensch denke? Dies: »Ich bin entstanden wie die Schatten und wie die Phantome der Nacht.« Sobald

das Licht den Schrecken erhellt, den jener (Mensch) empfand, so weiß er, daß er (scil. der Schrecken) nichts ist. So waren sie ohne Gnosis des Vaters,
29,1 da sie ihn nicht sahen. Nachdem es (scil. das Nichtwissen um den Vater) Angst, Schrecken, Haltlosigkeit, Zweifel und Zerrissenheit war, gab es viele Wahngebilde, die durch diese wirkten und durch leere Ungereimtheiten, als ob sie in Schlaf versenkt wären und sich in verworrenen Träumen befänden. Da ist entweder ein Ort, zu dem sie fliehen, oder es fehlt ihnen an Kraft, nachdem sie einige verfolgten, oder sie befinden sich im Handgemenge, oder sie erhalten ihre Hiebe, oder sie fallen von Höhen herab, oder sie fliegen durch die Luft, obgleich sie doch keine Flügel besitzen. Zu anderen Malen wiederum (erscheint es ihnen), als ob einige sie töteten, gleichwohl es doch keinen gibt, der sie verfolgt. Oder aber sie selbst töten ihre Nächsten, denn sie sind mit deren Blute befleckt. Bis zu dem Zeitpunkt, da jene, die durch all dies gegangen sind, aufwachen, sehen sie, die in all diesen Schrecknissen waren, nichts, waren ja diese (Schrecknisse) doch (auch) ein Nichts. Ebenso warfen sie die Unwissenheit von sich, wie den Schlaf, den sie für nichts halten. Sie halten auch nicht
30,1 seine anderen Dinge für wirkliche Dinge, sondern sie lassen sie hinter sich, wie einen Traum in der Nacht. Die Gnosis des Vaters ermessen sie als das Licht. Eben auf diese Weise machte es ein jeder, da er schlief, zu der Zeit, da er ohne Gnosis (scil. unwissend) war, und mit einem, der erkannte, verhält es sich wie mit jemandem, der erwachte. Und es ist etwas Gutes für den Menschen, der zu sich zurückkehren und aufwachen wird, und selig ist der, der öffnete die Augen der Blinden. Und das Pneuma eilte zu ihm, um ihn aufzurichten. Nachdem er dem, der auf dem Boden lag, seine Hand gereicht hatte, stellte er ihn auf seine Füße, denn er hatte sich ja noch nicht aufgerichtet. Er gab ihnen die Möglichkeit, die Gnosis vom Vater und die Offenbarung seines Sohnes zu erkennen. Nachdem sie ihn nämlich gesehen

und gehört hatten, veranlaßte er sie, ihn zu kosten und ihn zu riechen und ließ sie Macht gewinnen über seinen geliebten Sohn, als dieser sich geoffenbart und sie belehrt hatte über den unfaßbaren Vater. Nachdem er das, was im Gedanken existierte, ihnen eingehaucht hatte und so seinen (scil. des Vaters) Willen tat und nachdem viele das Licht empfangen hatten, wandten sie sich
31,1 zu ihm. Denn die Hyliker waren (ihm) fremd, sie sahen seine Erscheinung nicht und sie erkannten ihn nicht, da er herabgekommen war in einem scheinbaren Fleisch, wobei nichts seinen Gang hinderte, da es (scil. das Fleisch) Unvergänglichkeit und Unfaßbarkeit war.
Seit er wiederum neue Dinge redend aussprach, was im Herzen des Vaters war, brachte er das untadelige Wort hervor.
Durch seinen Mund sprach das Licht, und seine Stimme gebar das Leben. Er gab ihnen Gedanken, Verstand, Erbarmen, Errettung und (das) Pneuma der Stärke aus der Unendlichkeit und aus der Süße des Vaters. Er ließ die Züchtigungen und die Geißeln ein Ende nehmen, denn sie sind es, die einige von seinem Antlitz weg irreführten, die brauchten das Erbarmen, sie, die in der Plane und in Fesseln waren. Und mit der Kraft löste er sie (scil. Plane und Fesseln) auf und besiegte sie durch die Gnosis. Er wurde zu einem Weg für die, die irrten, zu Gnosis für die, die ohne Gnosis waren, zu einem Fund für die, die suchten, zur Stärkung für die, die schwankten, Makellosigkeit für die, die besudelt waren. Er ist der Hirt, der die neunundneunzig
32,1 Schafe verließ, die sich nicht verirrt hatten. Er kam und suchte nach dem, das sich verirrt hatte. Er freute sich, als er es gefunden hatte, denn neunundneunzig ist eine Zahl, die auf der linken Hand (gezählt) wird, die sie umfaßt. Sobald man jedoch die Eins findet, geht die ganze Zahl auf die Rechte über. Ebenso verhält es sich mit dem, der der Eins ermangelt, das heißt, der ganzen Rechten, die das, was mangelhaft war, (an sich) zieht

und es von der linken Seite wegnimmt und auf die Rechte übergehen läßt. Und so wird die Zahl Hundert.
Die Bedeutung dessen, was in ihrer Stimme ist, ist der Vater. Dieser mühte sich sogar am Sabbat um das Schaf, das er fand, als es in eine Grube gefallen war. Er rettete diesem Schaf das Leben dadurch, daß er es aus der Grube zog, damit ihr, die Kinder des Wissens, wisset, was der Sabbat ist, an dem die Erlösung nicht ruhen darf, damit ihr sprechet vom Tage oben, der keine Nacht hat, und von dem Lichte, das nicht erlischt, da es vollkommen ist. Sagt daher aus (dem ganzen) Herzen, daß ihr dieser vollkommene Tag seid und daß in euch wohnt das Licht, das kein Ende hat. Sprechet von der Wahrheit zu denen, die nach ihr suchen, und von der Gnosis zu denen, die in ihrer Plane sündigten.
33,1 Stützt den Fuß derer, die strauchelten, und reichet eure Hände denen, die krank sind. Speist die Hungernden, und denen, die geplagt sind, gewährt Ruhe. Richtet die auf, die sich aufrichten wollen, und erweckt die Schlafenden, denn ihr seid die Klugheit, die bereit ist. Ist es mit der Stärke so bestellt, so wird sie noch stärker. Beschäftigt euch mit euch selbst! Beschäftigt euch nicht mit anderem, das heißt mit dem, was ihr von euch abgesondert habt. Kehrt nicht zu dem zurück, was ihr ausgespien habt, um es zu verzehren! (Vgl. Sprüche 26,11; 2 Petr 2,22) Seid nicht mottenzerfressen! Seid nicht wurmstichig! Denn ihr habt es bereits abgeschüttelt. Werdet nicht ein Ort für den Teufel, habt ihr ihn doch schon vernichtet. Stärket nicht eure Hemmnisse, die wegfallen, weil es Abfall ist. Denn nichts ist der Gesetzlose, der sich (selbst) mehr Schaden bereitet als dem Gesetz. Jener nämlich tut seine Werke, weil er gesetzlos ist, dieser jedoch tut seine Werke in anderen, weil er gerecht ist. Vollbringt nun ihr den Willen des Vaters, die ihr aus ihm seid, denn der Vater ist süß, und gut ist, was aus seinem Willen kommt. Er erkannte das, was euer ist, so daß ihr darin Ruhe habt, denn an den Früchten erkennt man das, was euer ist, weil die Kinder des Vaters

34,1 sein Duft sind, da sie aus der Gnade seines Antlitzes stammen. Deshalb liebt der Vater seinen Duft und offenbart ihn an jedem Orte. Und wenn er sich mit der Hyle vermischt, so gibt er (scil. der Vater) seinen Duft dem Lichte, und durch seine Ruhe bewirkt er, daß er (scil. der Duft) sich von jeder Gestalt und von jedem Laut befreit. Die Ohren sind es nämlich nicht, die den Duft wahrnehmen, sondern es ist das Pneuma, das die Geruchswahrnehmung besitzt, und es zieht ihn zu sich hin und taucht ein in den Duft des Vaters. Es (scil. das Pneuma) leitet ihn nun zum Hafen und bringt ihn empor zu dem Ort, von dem er ausgegangen ist, heraus zu unserem ersten (scil. ursprünglichen) Duft, der erkaltet ist. Er ist ewas aus einem psychischen Gebilde, wie kaltes Wasser, das (es folgt ein unverständliches Wort) und das in aufgelockerter Erde ist, von der die, welche sie sehen, denken, sie sei (bloße) Erde. Nachher löst es sich wiederum auf. Wenn ein Lufthauch sich zusammenzieht, so erwärmt er sich. Die erkalteten Düfte stammen also von der Trennung. Aus diesem Grunde kam Gott; er vernichtete die Trennung und brachte das warme Pleroma der Agape (Liebe), daß die Kälte nicht aufs neue entstehe, sondern die Einheit des vollkommenen Gedankens bestehe.

Dies ist der Logos (Wort) der Frohbotschaft von der Ankunft des Pleroma für die, welche auf

35,1 die Erlösung harren, die von oben kommt. Es wartet ihre Hoffnung, in der die warten, die dem Lichte gleich sind, das ohne Schatten ist. Wenn sich zu jener Zeit das Pleroma zu kommen anschickt, so entstand der Mangel der Hyle nicht aus der Grenzenlosigkeit des Vaters, der zur Zeit des Mangels kommt, wiewohl niemand zu sagen vermochte, daß der Unvergängliche in dieser Weise kommen würde. Aber die Tiefe des Vaters (nahm überhand), und der Gedanke der Plane war nicht bei ihm. Eine unsichere Sache ist es, eine ruhende Sache, die sich erhebt, wenn sie den findet, der zu dem kam, den er zurückbringen wird. Diese

Rückkehr wird nämlich Bekehrung genannt. Deshalb hauchte die Unvergänglichkeit aus und machte sich auf die Suche nach dem Sünder, damit er zur Ruhe gelange. Denn die Verzeihung ist das, was für das Licht im Mangel übrig bleibt, das Wort des Pleroma. Denn der Arzt begibt sich eilends zum Ort, an dem ein Kranker ist, weil dies sein (scil. des Arztes) Wille ist. Wer nun unter einem Mangel leidet, verhehlt ihn nicht, denn er (scil. der Arzt) besitzt das, was ihm mangelt. Gleicherweise füllt das Pleroma, das nicht mangelhaft ist, den Mangel auf, das (Pleroma), das er von sich aus
36,1 gegeben hat, um den zu erfüllen, der Mangel litt, damit er nun die Gnade empfange. Zur Zeit, da er mangelhaft war, besaß er die Gnade nicht. Deshalb war Minderung an dem Orte, an dem die Gnade nicht war. Zur Zeit, da man den aufnahm, der gemindert war und der ermangelte (der Gnade), offenbarte er sich (scil. der Vater) als Pleroma, das das Finden des Lichtes der Wahrheit ist, das ihm aufleuchtete, denn es ist unveränderlich. Deshalb sprachen sie untereinander von Christus, damit die, welche in Bestürzung gewesen waren, zur Umkehr gelangen und damit er sie mit dem Salböl salbe. Das Salböl ist die Erbarmung des Vaters, der sich ihrer erbarmen wird. Die jedoch, die er salbte, sind jene, die vollendet wurden. Es sind nämlich die vollen Gefäße, die man zu salben pflegt. Wenn aber das Salböl eines (Gefäßes) sich auflöst, leert es sich, und die Ursache, die seinen Mangel bewirkt, ist das Ding, von dem sein Salböl weggehen wird. Zu jener Zeit nämlich zieht es ein Hauch an sich, ein (Hauch) von der Kraft dessen, der mit ihm ist. Hingegen löst man bei dem, der ohne Mangel ist, kein Siegel ab, und man läßt nichts abfließen, sondern der vollkommene Vater erfüllt ihn von neuem mit dem, dessen er ermangelt. Er (scil. der Vater) ist gut, er kennt seine Saaten, denn er ist es, der sie säte in seinem Paradies. Sein Paradies aber ist sein Ort der Ruhe. Dies
37,1 ist die Vollendung durch den Gedanken des Vaters, und

dies sind die Worte seiner Erwägung. Ein jedes seiner Worte ist das Werk seines einzigen Willens in der Offenbarung seines Wortes. Seitdem sie in der Tiefe seines Gedankens sind, hat der Logos, der zuerst hervorging, sie und einen Nous geoffenbart, der den einen Logos ausspricht in schweigender Gnade. Sie nannten ihn den Gedanken, weil sie in ihr (scil. der Gnade) gewesen waren, bevor sie geoffenbart wurden. Also begab es sich, daß er (scil. der Logos) zuerst hervorging zur Zeit, da es dem Willen dessen gefiel, der wollte. Der Wille jedoch ist es, in dem der Vater ruhet und an dem er Gefallen hat. Nichts entsteht ohne ihn, und nichts entsteht ohne den Willen des Vaters. Aber sein Wille ist unergründlich, seine Spur ist der Wille, und niemand wird ihn erkennen, noch kann man seine Aufmerksamkeit ihm zuwenden, um ihn zu erfassen, sondern in dem Augenblick, da er (scil. der Vater) will, ist es (da), selbst wenn ihnen der Anblick mißfällt. Sie sind nichts vor dem Antlitz Gottes, des Willens, des Vaters. Er kennt nämlich den Anfang ihrer aller und ihr Ende. An ihrem Ende wird er sie fragen, was sie taten. Das Ende aber ist das Erkennen des Verborgenen, dies jedoch ist der Vater,

38,1 aus dem der Anfang hervorging, er, zu dem alle zurückkehren werden, die von ihm ausgegangen sind. Sie aber wurden offenbar zum Ruhme und zum Lobpreis seines Namens, aber der Name des Vaters ist der Sohn. Er (scil. der Vater) ist es, der zuerst dem, der von ihm ausging, einen Namen gab, da er es doch selbst ist. Und er brachte ihn hervor als Sohn. Er gab ihm seinen Namen, den er hatte, da er es ist, der alle Dinge besitzt, indem sie bei ihm, dem Vater, sind. Er hat den Namen, er hat den Sohn. Man vermag ihn zu sehen, der Name jedoch ist unsichtbar, denn nur er ist das Mysterium des Unsichtbaren, das zu Ohren dringt, die völlig von ihm erfüllt sind. Man spricht nämlich den Namen des Vaters nicht aus. Er ist aber im Sohn geoffenbart. Auf diese Weise ist nun der Name groß. Wer wird also vermögen, für ihn einen Namen auszusprechen, den großen Namen, wenn nicht er allein, er, dessen eigen der Name ist und die Söhne des Namens, die, in denen der Name des Vaters ruhte, (und) wiederum ruhten sie selbst in seinem Namen. Weil der Vater ungeworden ist, ist er es allein, der ihn sich als Namen erzeugt hat, (noch) bevor er die Aionen geschaffen hatte, damit der Name des Vaters als Herr über ihren Häuptern sei, das ist der wahre Name,

39,1 gefestigt durch sein Gebot, durch seine vollendete Kraft. Denn dieser Name ist nicht (eines) von den Wörtern, und nicht Benennungen sind sein Name, sondern er ist unsichtbar. Er (scil. der Vater) gab ihm allein einen Namen, weil nur er ihn sah (und) weil er allein vermag, ihm einen Namen zu geben, da, wer nicht ist, keinen Namen besitzt. Was für einen Namen wird man denn dem geben, der nicht existiert? Wer jedoch existiert, der existiert auch zusammen mit seinem Namen, und er allein, der Vater, kennt ihn, um ihm allein einen Namen zu geben. Der Sohn ist sein Name. Er verbarg ihn also nicht im Gegenstand, sondern er existierte, der Sohn, (und) er hat ihm allein einen Namen gegeben. Der Name also ist derjenige des Vaters, so wie der Name des Vaters der Sohn ist, die Barmherzigkeit. Wo wird er denn einen Namen finden, wenn nicht beim Vater? Sicherlich aber wird jemand zu seinem Gefährten sagen: »Wer wird dem einen Namen geben, der vor ihm existierte?«, als ob die Gezeugten nicht etwa

40,1 den Namen von denen erhielten, die sie zeugten. Es geziemt sich also für uns, die Sache zu bedenken, was der Name ist und daß er der wahre Name ist. Es ist ja der Name vom Vater (stammend), denn er ist es, der Herr des Namens ist. Er empfing nun den Namen nicht als ein Darlehen wie andere, in der Weise, wie ein jeder mit ihm ausgerüstet wird. Das aber ist der Herr des Namens. Es gibt keinen anderen, dem er ihn gegeben hat, sondern er ist unnennbar, unaussprechlich bis zu dem Zeitpunkt, da dieser Vollkommene ihn selbst aussprach, und er ist es, der seinen Namen auszusprechen und ihn zu sehen vermag. Als es ihm nun gefiel, daß sein Name, der ihn liebt, sein Sohn ist, und der, welcher aus der Tiefe gekommen war, ihm diesen Namen gab, da sprach er von seinen Geheimnissen, da er wußte, daß der Vater ohne Böses ist. Aus diesem Grunde brachte er ihn ja hervor, damit er von dem Orte sprechen sollte, von seinem Orte der Ruhe, von dem er ausgegangen war,

41,1 und damit er das Pleroma preise, die Größe seines Namens und die Süße des Vaters. Über den Ort, aus dem ein jeder einzelne hervorgegangen ist, wird er (scil. der Sohn) sprechen, und er (scil. jeder einzelne) wird eilen, um an jenen Ort zurückzukehren, von dem er seine Aufrichtung empfing, und aus jenem Ort, dem Orte, wo er gestanden hatte, weggeführt zu werden, da er von jenem Ort gekostet hatte, Nahrung und Wachstum empfangen hatte. Und sein eigener Ort der Ruhe ist sein Pleroma. Alle Emanationen des Vaters sind Pleromata (pl. von Pleroma), und ihre Wurzel ist in allen seinen Emanationen und in dem, der sie alle aus seinem Inneren wachsen ließ. Er gab ihnen ihre Grenzen. Eine jede einzelne ist offenbar, damit sie aus ihrem eigenen Gedanken vollendet würden. Der Ort nämlich, auf den sie ihre Gedanken richten, jener Ort ist ihre Wurzel, die sie emporträgt zu allen Höhen bis zum Vater. Sie haben sein Haupt (erreicht), das für sie Ruhe ist, und man steht ihnen bei, hinein (zu gelangen), indem sie ihm nahe sind, so daß sie sagen, sie empfingen Anteil an seinem Antlitz durch die Umarmungen. Diese aber sind nicht geoffenbart in der Weise,

42,1 daß sie sich nicht über sich erhoben haben. Weder haben sie den Ruhm des Vaters gemindert, noch denken sie gering von ihm, daß er hart oder daß er zornig sei, sondern er ist ohne Übel, unerschütterlich, süß, er (er)kennt alle Räume (scil. Aionen), ehe sie noch geworden sind, und hat keinerlei Belehrung nötig.

So sind die, welche etwas von oben besitzen, von der unmeßbaren Größe, da sie nach dem Einen streben, der einzig und vollkommen ist, der für sie da ist, und sie steigen nicht in die Unterwelt hinab, es gibt für sie weder Neid noch Seufzen, noch ist da Tod in ihnen, sondern sie ruhen in dem, der ruht, und mühen sich nicht ab und sind nicht verstrickt in der Suche nach Wahrheit, sind sie ja (selbst) die Wahrheit. Und in ihnen ist der Vater, und sie sind im Vater, vollkommen und ohne Trennung in diesem wahrhaftig Guten. Sie leiden an nichts Mangel, sondern sie ruhen, erfrischt durch das Pneuma, und sie werden auf ihre Wurzel hören, man wird sich ihnen widmen, sie, in denen er seine Wurzel finden wird, und er wird keinen Schaden erleiden an seiner Seele. Das ist der Ort der Seligen, das ist ihr Ort. Die übrigen aber mögen wissen an ihren Orten, daß es mir nicht zusteht,

43,1 nachdem ich am Orte der Ruhe verweilte, von einer anderen Sache zu sprechen. An ihm aber werde ich weilen und mich alle Zeit dem Vater des Alls widmen und den wahren Brüdern, in welche die Liebe des Vaters überströmt und in deren Mitte nichts von ihm mangelt, sie, die in Wahrheit geoffenbart werden, da sie im wahren und ewigen Leben sind und vom Lichte sprechen, das vollkommen und vom Samen des Vaters erfüllt ist und das in seinem Herzen und im Pleroma ist, während sein Pneuma in ihm frohlockt und den preist, in dem es war, denn er ist gut, und seine Kinder sind vollkommen und sind würdig seines Namens, denn er, der Vater, liebt Kinder von solcher Art.

5 Aus dem koptisch-manichäischen Psalmbuch – Psalm 223

Ein spätes Lehrsystem der Gnosis war der Mitte des 3. Jh. entstandene Manichäismus, gestiftet von Mani aus Mesopotamien. Mani hat selbst seine Lehre in vielen Büchern schriftlich fixiert, damit sie nicht vergessen oder verfälscht würde. Aber auch aus seiner Gemeinde sind Schriften überliefert, die eine hochstehende Schrift- und Buchkultur der Manichäer beweisen. Der Psalter, wahrscheinlich um 400 n. Chr. entstanden, macht ein zuverlässiges Bild von der manichäischen Gemeindefrömmigkeit möglich. Im hier abgedruckten Psalm 223 ist ein zentrales gnostisches Prinzip, nämlich der Dualismus, in der für den Manichäismus typischen Verschärfung entfaltet. Es ist der Dualismus der »zwei Naturen«, von Licht und Finsternis, Leib und Seele, Gut und Böse als absolut unversöhnlichen metaphysischen Prinzipien, von denen das Negative (Böse) eliminiert werden muß. Die Welt ist nämlich diese »Mischung, die aus Licht und Finsternis entstanden war« und darum nur »Bestand für einige Zeit« hat. »Dies ist die Gnosis des Mani«, heißt es, »jedem sei Heil, der ihm vertraut.« Christus (Jesus) spielt in Denken, Mystik und Spiritualität der Manichäer als Retter und Weisheitslehrer eine bedeutende Rolle. Die Aussagen zur Kosmologie sind auch hier der Soteriologie wegen gemacht. In Bildern von Dualität, Trennung und Überwindung wird der Heilsweg dankbar als Mythos vom Sieg über die »Kräfte des Abgrunds« beschrieben.
So also sang man in der manichäischen Gemeinde, wie es dieser Psalm zeigt. Die erste Zeile muß man sich als Refrain nach jeder Strophe vorstellen. Der Paraklet, der darin angebetet wird, will nach Joh 16,7 Mani selber sein.

Laßt uns den Geist des Parakleten anbeten!

Laßt uns unseren Herrn Jesus segnen,
der uns den Geist der Wahrheit gesandt hat.
Er kam und schied uns von der Verirrung der Welt.
Er brachte uns einen Spiegel.
Wir blickten hinein und sahen in ihm das All.

Als der Heilige Geist kam, offenbarte er uns
den Weg der Wahrheit und lehrte uns, daß es zwei Naturen gibt,
die des Lichtes und die der Finsternis,
voneinander getrennt seit dem Anfang.

Das Reich des Lichtes bestand aus fünf Größen,
die da sind der Vater und seine zwölf Aionen
und die Aionen der Aionen, die Lebende Luft,
das Land des Lichtes; der große Geist weht in ihnen
und ernährt sie mit seinem Licht.

Das Reich der Finsternis jedoch besteht aus fünf Kammern,
die da sind der Rauch, das Feuer,
der Wind, das Wasser und die Finsternis.
Ihr Ratschluß kriecht in ihnen, bewegt sie
und stachelt sie an, sich gegenseitig zu bekriegen.

Da sie nun miteinander Krieg führten, erdreisteten sie sich,
das Land des Lichtes anzugreifen, da sie sich für fähig hielten,
es zu erobern. Sie wissen jedoch nicht, daß sie das,
was sie ersannen, auf ihr eigenes Haupt herabziehen werden.

Es war aber eine Schar von Engeln im Lande des Lichtes,
die Macht besaßen hervorzutreten und zu überwinden
den Feind des Vaters, dem es gefiel, daß er durch sein Wort,

das er entsenden wollte, die Rebellen unterwürfe,
die sich über das erheben wollten, was erhabener war als sie.

Wie ein Hirte, der einen Löwen erblickt, der kommt,
um seine Schafherde zu vernichten, wendet er List an,
nimmt ein Lamm und benützt es als Falle, damit er ihn damit fange,
denn durch ein einziges Lamm rettet er seine Schafherde.
Danach heilte er das Lamm, das vom Löwen verwundet worden war.

Genauso handelte auch der Vater, der seinen starken Sohn aussandte.
Er erzeugte aus sich selbst seine Jungfrau,
ausgerüstet mit fünf Kräften, damit sie kämpfe
gegen die fünf Abgründe der Finsternis.

Als der Wächter innerhalb der Grenzen des Lichtes fest stand,
zeigte er ihnen (scil. den Mächten der Finsternis) seine Jungfrau,
die seine Seele ist.
Sie gerieten in Erregung in ihrem Abgrunde
und wollten sich ihrer bemächtigen,
sie öffneten ihren Rachen und wollten sie verschlingen.

Er ergriff ihre (scil. der Jungfrau) Stärke
und breitete sie über sie (scil. die Mächte der Finsternis) aus,
wie Netze über Fische, er ließ sie herabregnen auf sie
wie gereinigte Wolken von Wasser, sie drang in sie ein
wie ein durchbohrender Blitz.
Sie kroch in ihr Inneres und fesselte sie alle,
ohne daß sie es erkannten.

Als der Urmensch seinen Kampf beendet hatte,
entsandte der Vater seinen Zweiten Sohn.
Er kam und half seinem Bruder aus dem Abgrund.
Er erbaute diese ganze Welt aus der Mischung,
die aus Licht und Finsternis entstanden war.

Alle Kräfte des Abgrunds spannte er aus zu zehn Himmeln
und zu acht Erden, verschloß sie einst in dieser Welt
und machte sie zum Verlies für alle Kräfte der Finsternis.
Sie (scil. die Welt) ist aber auch ein Reinigungsort für die Seele,
die in ihnen (scil. den Mächten der Finsternis) verschlungen war.

Die Sonne und der Mond wurden aufgerichtet
und in der Höhe befestigt, um die Seele zu reinigen.
Den gereinigten Teil bringen sie täglich zur Höhe empor,
aber den Bodensatz vernichten sie [Lücke].
Hinauf leiten sie ihn und hinab.

Diese ganze Welt hat Bestand für einige Zeit, da es
ein großes Bauwerk gibt, das außerhalb der Welt errichtet wird.
Zur Stunde, da jener Baumeister es vollenden wird,
wird die ganze Welt aufgelöst werden.
Man wird Feuer an sie legen, damit es sie zum Schmelzen bringe.

Alles Leben, den Überrest des Lichtes an jedem Orte,
wird er zu sich einsammeln und aus ihm eine Statue formen.
Jedoch auch den Ratschluß des Todes, die ganze Finsternis,
wird er einsammeln und wird ihn selbst abbilden,
zusammen mit dem Archon.

In einem Augenblicke wird der Lebende Geist kommen.
[Lücke] Dem Lichte wird er beistehen,
den Ratschluß des Todes aber und die Finsternis

wird er verschließen in der Kammer,
die für ihn erbaut wurde,
damit er ewiglich in ihr in Fesseln liege.

Es gibt kein anderes, außer diesem Mittel, den Feind zu fesseln,
denn man wird ihn nicht zum Lichte aufnehmen,
weil er ihm fremd ist, aber man wird ihn auch nicht
in seinem Lande der Finsternis belassen können,
damit er nicht einen größeren Krieg als den ersten führe.

Ein Neuer Aion wird erbaut werden an Stelle dieser Welt,
die aufgelöst werden wird,
damit in ihm die Kräfte des Lichtes herrschen,
da sie den gesamten Willen des Vaters taten und vollendeten.
Sie unterwarfen den Verhaßten, sie besiegten ihn auf ewig.

Dies ist die Gnosis des Mani,
laßt uns ihn anbeten und segnen.
Jedem sei Heil, der ihm vertraut,
denn er wird leben mit allen Gerechten.

Ehre und Sieg sei unserem Herrn Mani, dem Geiste der Wahrheit,
der ausgeht vom Vater und uns enthüllt hat
den Anfang, die Mitte und das Ende.
Sieg sei der Seele der seligen Maria, Theona, Pschai, Tschemnute.

Quellenangaben zum Textteil

1 Irenäus, Gegen die Häresien I 29,1–4; hg. von A. Rousseau – L. Doutrelau, Sources Chretiennes 264, Paris 1979, 358–364; Übers. R. Haardt, Die Gnosis. Wesen und Zeugnisse, Salzburg 1967, 63–65.

2 Hippolyt, Widerlegung aller Häresien V 10,2; hg. von M. Marcovich, Hippolytus. Refutatio omnium haeresium (PTS 25), Berlin-New York 1986, 171 f; Übers. R. Haardt, 90f.

3 Thomas-Akten 108–113; hg. von P. Bedjan, Acta martyrum et sanctorum syriace III, 1892, 110–115 bzw. M. Bonnet, Acta Apostolorum Apocrypha II/2, Leipzig 1903, 219–224; übers. von K. Schubert bei R. Haardt, 139–143.

4 Nag Hammadi Codex (NHC) I/3, 16,31–43,24; ed. M. Malinine – H. Ch. Puech – G. Quispel, Evangelium Veritatis, Zürich 1956, 2–48.62–85; Übers. R. Haardt, 175–188.

5 C.R.C. Allberry, A Manichaean Psalm-Book, Part II, Stuttgart 1938, 9–11; Übers. R. Haardt, 224–227.

Anmerkungen

1 *S. Morenz*, in: Koptische Kunst. Christentum am Nil, 1963,55.
2 *G. Quispel*, Gnosis als Weltreligion, Zürich ^{2}1972,51.
3 *G.G. Stroumsa*, Die Gnosis und die christliche »Entzauberung der Welt«, in: *W. Schluchter* (Hg.), Max Webers Sicht des antiken Christentums, Frankfurt 1985, 488 f.
4 Vgl. z.B. *J. McCue,* in: Concilium 23 (1987), 288.
5 Evangelium der Wahrheit (Nag Hammadi-Codex I/3), 22,13–20.
6 *Irenäus*, Gegen die Häresien I 21,5.
7 *M. Lidzbarski*, Ginza. Der Schatz oder das große Buch der Mandäer, Göttingen 1925, 379.
8 *Klemens von Alex.*, Auszüge aus (dem Gnostiker) Theodotos 78,2.
9 *H. Schlier*, Gnosis, in: Handbuch theologischer Grundbegriffe, Bd. 1, München 1962, 564.
10 *Hippolyt*, Widerlegung aller Häresien VII 27,7.
11 Buch des (Athleten) Thomas (Nag Hammadi-Codex II/7), 138,7–19.
12 *H. Jonas*, Gnosis und spätantiker Geist, Bd. I, Göttingen ^{3}1964, 140–251.
13 *H.J. Krämer*, Der Ursprung der Geistmetaphysik, Amsterdam ^{2}1967, 228.
14 *H.J. Krämer* (siehe Anm. 13), 225.
15 Das Material ist übersichtlich erfaßt bei *K. Rudolph*, Die Gnosis, Göttingen ^{2}1980, 130–184, dem Einzelheiten und Übersetzungen im folgenden überwiegend entnommen sind. Empfehlenswert auch *F.C. Burkitt*, Church and Gnosis. A study of Christian thought and speculation in the Second Century, Cambridge 1932, und die ausgezeichnete deutschsprachige Quellensammlung von *R. Haardt*, Die Gnosis. Wesen und Zeugnisse, Salzburg 1967.
16 *Irenäus*, Gegen die Häresien I 21,4.
17 *Hippolyt*, Widerlegung aller Häresien VIII 15,1.
18 Buch des (Athleten) Thomas (Nag Hammadi-Codex II/7), 138,8–18.
19 2 Tim 2,18.
20 Philippus-Evangelium (Nag Hammadi-Codex II/3), 73,2–8; Logion

90a in der Zählung von *H.-M. Schenke*, in: *W. Schneemelcher*, Neutestamentliche Apokryphen in deutscher Übersetzung I. Evangelien, Tübingen ^{5}1987, 166.

21 Dazu *Justin*, Dialog 80,4.5; *Irenäus*, Gegen die Häresien V 31,2.

22 Philippus-Evangelium (Nag Hammadi-Codex II/3), 66,16–20; Logion 63a in der Zählung von *H.-M. Schenke* (siehe Anm. 20).

23 »Exegese über die Seele« (Nag Hammadi-Codex II/6), 134,9–15.

24 *Irenäus*, Gegen die Häresien II 31,2.

25 *Tertullian*, Über die Auferstehung 19,1–7; vgl. Prozeßeinrede gegen die Häretiker 33,7; *Klemens von Alex.*, Teppiche III 48,1.

26 Über die Auferstehung frgm. I (GCS 1, ed. *H. Achelis*, Leipzig 1897, 2. Hälfte, 251).

27 Übersetzung von *M. Malinine* u.a., De Resurrectione, Zürich und Stuttgart 1963, 56.

28 »Abhandlung über die Auferstehung« oder »Brief an Rheginos« (Nag Hammadi-Codex I/4), 49,13–24; vgl. ebd. 45,14 f.23–28; 48,3–49,30.

29 *Irenäus*, Gegen die Häresien I 23,5; vgl. *Justin*, I. Apologie 26,4; *Tertullian*, Über die Seele 50,2; *Hippolyt*, Widerlegung aller Häresien V 8,24; *Origenes*, Gegen Kelsos III 11; *Johannes Chrysostomos*, Homilie zu 1 Kor 38,1; Acta des Paulus und der Thekla 14.

30 »Abhandlung über die Auferstehung« oder »Brief an Rheginos« (Nag Hammadi-Codex I/4), 48,4–16.

31 »Evangelium der Wahrheit« (Nag Hammadi-Codex I/3), 24,28–25,19; Übersetzung von *H.-M. Schenke*, Die Herkunft des sogenannten Evangelium Veritatis, Göttingen 1959, 41.

32 Schlußsatz der Schrift »Vom Ursprung der Welt« (Nag Hammadi-Codex II/5), 127,16 f.

33 Corpus Hermeticum I 32.

34 »Philippus-Evangelium« (Nag Hammadi-Codex II/3), 70,9–17; 68,22–26; Logien 71 und 78 in der Zählung von *H.-M. Schenke* (siehe Anm. 20).

35 Die Materialien zur Frauenfrage in der Gnosis bei *K. Rudolph* (siehe Anm. 15), 79.227 f.231.263 f.288–290.363.

36 *K. Rudolph* (siehe Anm. 15), 137.

37 »Evangelium der Wahrheit» (Nag Hammadi-Codex I/3) 22,2–10.

38 Johannes-Akten 96.

39 »Traktat über die drei Naturen« (Nag Hammadi-Codex I/5), 124,32–125,2.

40 »Evangelium der Wahrheit« (Nag Hammadi-Codex I/3), 18,11–29; übersetzt von *H.-M. Schenke* (siehe Anm. 31), 34 f.

41 Ebd. 22,20–24.

42 Ebd. 31,28–31.
43 »Abhandlung über die Auferstehung« (Nag Hammadi-Codex I/4), 48,16–20.
44 »Thomas-Evangelium« (Nag Hammadi-Codex II/2).
45 Darüber *K. Rudolph* (siehe Anm. 15), 140f.
46 *Klemens von Alex.*, Auszüge aus (dem Gnostiker) Theodotos 22,7.
47 Nachweis in Anm. 39.
48 Beschrieben bei *K. Rudolph* (siehe Anm. 15), 165–171.
49 *Irenäus*, Gegen die Häresien I 24,4.
50 »Evangelium der Wahrheit« (Nag Hammadi-Codex I/3), 31,4–5.
51 Siehe *S. Arai*, Die Christologie des Evangelium Veritatis, Leiden 1964, zusammen mit der kritischen Besprechung von *H.-M. Schenke*, in: Kairos 9 (1967), 161 f.
52 Die »Abhandlung über die Auferstehung« (Nag Hammadi-Codex I/4) vor allem.
53 »Melchisedek« (Nag Hammadi-Codex IX/1), 5,1–11; Übersetzung von *K.W. Tröger*, Doketistische Christologie in Nag-Hammadi-Texten: Kairos 19 (1977), (45–52) 51.
54 *K.W. Tröger* (Hg.), Altes Testament – Frühjudentum – Gnosis. Neue Studien zu »Gnosis und Bibel«, Gütersloh-Berlin 1980, 28, der das gnostische Paradigma recht rigoros folgendermaßen resümiert: »Im Grunde ist die Gnosis aber nichts anderes als Anthropodizee – ein großangelegtes Unternehmen zur Selbstrechtfertigung des Menschen und seiner (zumeist) weltflüchtigen Haltung.«
55 Darüber *N. Brox*, Der einfache Glaube und die Theologie. Zur altkirchlichen Geschichte eines Dauerproblems: Kairos 14 (1972), 161–187.
56 Genaueres bei *N. Brox*, Offenbarung, Gnosis und gnostischer Mythos bei Irenäus von Lyon. Zur Charakteristik der Systeme, Salzburg–München 1966 pass.
57 Gen 1,31.
58 *Irenäus*, Gegen die Häresien II 25,3.
59 *Plotin*, Enneaden II 9,9 = 33 § 93, Übers. von *R. Harder*.
60 Siehe *K. Koschorke*, Hippolyt's Ketzerbekämpfung und Polemik gegen die Gnostiker, Wiesbaden 1975.
61 *H. Jonas* (siehe Anm. 12) Bd. I, 374 (für die Valentinianer).
62 *Irenäus*, Gegen die Häresien I 21,4.
63 *Irenäus*, Gegen die Häresien I 21,1.
64 *Irenäus*, Gegen die Häresien III 5,2.
65 *Irenäus*, Gegen die Häresien III 12,5.
66 *Irenäus*, Gegen die Häresien III 16,4; vgl. V 12,5.
67 Fragment XXX: *Migne*, Patrologiae... Series Graeca Bd. 7,1245

bzw. *W.W. Harvey*, Sancti Irenaei episcopi Lugdunensis libros quinque adversus haereses, Cambridge 1857 (Repr. 1965), Nr. XXVIII/2, 493 f.

68 *Irenäus*, Gegen die Häresien IV 33,8.

69 *Irenäus*, Gegen die Häresien II 28,2.

70 Beispiel: *R. Wagner*, Die Gnosis von Alexandria. Eine Frage des frühen Christentums an die Gegenwart, Stuttgart o. J. (1968).

71 Nämlich in den »Vier Büchern von den Prinzipien« I 7,4; II 9,6 (*H. Görgemanns–H. Karpp*, Origenes. Vier Bücher von den Prinzipien, Darmstadt ²1985, 238–240.412–414; es kann vernachlässigt werden, daß im strengen Sinn hier nicht die Seele, sondern der Nous präexistent ist [ebd. 239 Anm. 15], wie man bei *Origenes*, Prinzipien II 8,3 [=*Hieronymus*, ep. 124,6; ebd. 394] nachlesen kann. – Außerdem in den Kommentaren zum Johannes-Evangelium XX 7 (Griech. Christl. Schriftsteller 10, hg. *E. Preuschen*, Leipzig 1903, 335) und zum Matthäus-Evangelium XV 34–35 (Griech. Christl. Schriftsteller 40, hg. *E. Klostermann*, Leipzig 1935, 451–456).

72 Gute Orientierung zum Problem bei *E. v. Ivánka*, Plato Christianus, Einsiedeln 1964, 125–144.

73 *K. Rudolph* (siehe Anm. 15), 212.

74 Prinzipien I, Vorwort 5.

75 Ebd.

76 Prinzipien I, Vorwort 3.

77 Vgl. *J. Dolch*, Lehrplan des Abendlandes, Darmstadt 1982, 24–98.

78 Besonders klar darüber der Aufsatz von *Ludwig* (ohne Vorname), Origenes und die Präexistenz: Historisch-politische Blätter für das katholische Deutschland 157 (1916), 5. Nr. XXVIII = p. 297-312; Nachdruck: Psychische Studien 42 (1916), 247-258.

79 Prinzipien I 7,4.

80 Prinzipien II 9,6.

81 Vom Gottesstaat XI 23.

82 Siehe *L. Scheffczyk*, Der Reinkarnationsgedanke in der altchristlichen Literatur, München 1985, 26 f.

83 Prinzipien I 8,4; vgl. *Görgemanns-Karpp* (siehe Anm. 71), 263– 265.

84 Vgl. *Scheffczyk* (siehe Anm. 82), 28–33.

85 Der Text: MtCo XIII 1–2. (GCS 40, ed. *E. Klostermann*, Leipzig 1935, 172–178). Weitere Quellen und Genaueres zur Polemik des Origenes gegen die (indische) Seelenwanderungslehre bei *E. Benz*, Indische Einflüsse auf die frühchristliche Theologie: Abh. d. Akad. d. Wiss. u. Lit. Mainz, Geistes- u. Soz.wiss.Kl.1951 Nr. 3, (169–202) 185–190. Deutsche Übersetzung und Erklärung der Texte bei *H.-J. Vogt*, Origenes. Der Kommentar zum Evangelium nach Mattäus (BGL 18), Stuttgart 1983, 240.242 f.280.284. *B. Daley*, in: HDG IV 7a, 1986, 133, hat

Recht mit der Angabe, daß Origenes nach Comm. in Mt ser. 96 (GCS 38, ed. *Klostermann*, Leipzig 1933, 215 f) und Prinzipien II 3,1–2 (*Görgemanns-Karpp*, 298–306) »die Existenz zumindest einiger künftiger Welten als theoretische Möglichkeit betrachtet« hat; wegen der dezidierten Absagen des Origenes an die Idee der Wiedereinkörperung irrt er aber, wenn er das auf die »Reinkarnation der Seelen« verlängert. Offensichtlich konnte Origenes die Abfolge von Welten ohne diese Idee denken.

86 *F.H. Kettler*, RGG ³IV, Tübingen 1960, 1697, der allerdings äußerst widersprüchlich dann doch (1698) zweimal von einer Seelenwanderungslehre des Origenes redet (wo er »Präexistenzlehre« hätte sagen müssen).

87 Text und historische Informationen dazu bei *H. Görgemanns–H. Karpp* (siehe Anm. 71), 822–831.

88 *Ludwig* (siehe Anm. 78), 308.

89 *K. Hoheisel*, Das frühe Christentum und die Seelenwanderung, in: Jahrb. f. Antike u. Christentum 27/28, Münster 1984/85, (24–46)43; vgl. 42–45. *H. Frohnhofen*, Reinkarnation und frühe Kirche: Stimmen der Zeit 207 (1989), 236–244 (Literatur).

90 *E. Benz* (siehe Anm. 85), 184.

91 Zusammengestellt bei *Scheffczyk* (siehe Anm. 82), 35–39.

92 *M. Krause*, Das christliche Alexandrien und seine Beziehungen zum koptischen Ägypten, in: Alexandrien (Aegyptiaca Treverensia Bd. 1), Mainz 1981, (53–62)53.

93 Fundort, Edition, Diskussion und Übersetzung bei *W. Bauer*, Rechtgläubigkeit und Ketzerei im ältesten Christentum, Tübingen ²1964, 51 f; vgl. *M. Krause*, ebd. 59 A. 25.

94 Teppiche VI. VII.

95 Teppiche III 109,2. Ich benutze durchweg die Übersetzung von *F. Overbeck*, Titus Flavius Klemens von Alexandria. Die Teppiche, Basel 1936.

96 Teppiche VII 41,2 f.

97 Vgl. *W. Völker*, Der wahre Gnostiker nach Clemens Alexandrinus, Berlin 1952, 307; *A.M. Ritter*, Klemens von Alexandrien, in: Gestalten der Kirchengeschichte Bd. 1, hg. v. *M. Greschat*, Stuttgart u. a. 1984, 131 f.

98 Siehe *W. Völker* (siehe Anm. 97), 303–321.

99 Teppiche II 52, 5.7.

100 Teppiche III 44,3.

101 Teppiche VI 61,1.3.

102 Teppiche IV 97,1; vgl. V 17,5; 61,3; 62,1; VI 132,3; VII 104,3.

103 Teppiche VI 120,3.

104 Teppiche I 43,1.
105 Teppiche VI 109,2.
106 Vgl. Teppiche I 45,1.
107 Homilie zu Josue XXIII 4.
108 Teppiche VI 124,6.
109 Teppiche I 2,2; VII 95,9 u. a.
110 In dieser Form eine Fusion von 1 Kor 8,7 mit 2 Thess 3,2.
111 Teppiche VI 132,3.
112 Teppiche I 2,2.
113 Kommentar zum Johannes-Evangelium II 3 § 29.
114 *W. Völker*, Das Vollkommenheitsideal des Origenes, Tübingen 1931, 170.
115 Teppiche VII 104,1.
116 Teppiche VII 55,2.3.5; vgl. 20,2; 57,3.
117 Genauer bei *N. Brox*, Der einfache Glaube (siehe Anm. 55), 180–183.
118 *H.J. Krämer* (siehe Anm. 13), 285.
119 Und zwar ist es valentinianisch-gnostischer Einfluß: *H. Jonas*, (siehe Anm. 12) Bd. II/1, [2]1966, 171–223, bes. 203–223.
120 *H.J. Krämer* (siehe Anm. 13), 290.
121 *H. Jonas* (siehe Anm. 12), Bd. II/1, 204, dem die folgende Darstellung sich anschließt (203–223). Die Kritik von *E. von Ivánka* (siehe Anm. 72), 127.135 Anm. 1, zur Entscheidung über das Verhältnis von Platonismus, Gnosis und Christentum komme man über den »Gedankeninhalt«, nicht über den »Denktyp«, unterschätzt die Stringenz der Analyse bei *H. Jonas*.
122 *G. Bornkamm*, Thomasakten, in: *E. Hennecke–W. Schneemelcher*, Neutestamentliche Apokryphen in deutscher Übersetzung, Bd. II, Tübingen [4]1971, 303 f.
123 *H.-M. Schenke* (siehe Anm. 31), 11f; vgl. 9–12.15–20.

Kleine Bibliographie

Haardt, R., Die Gnosis. Wesen und Zeugnisse, Salzburg 1967

Jonas, H., Gnosis und spätantiker Geist, Bd. I, Göttingen ^{3}1964. Bd. II/1, Göttingen ^{2}1966

Kloss, H., Gnostizismus und »Erkenntnispfad«. Ihre Gemeinsamkeit angesichts des »Wortes vom Kreuz«, Leiden 1983

Koslowski, P. (Hg.), Gnosis und Mystik in der Geschichte der Philosophie, Zürich und München 1988

Leisegang, H., Die Gnosis, Leipzig ^{4}1955

Martin, G.M., Werdet Vorübergehende. Das Thomas-Evangelium zwischen Alter Kirche und New Age, Stuttgart 1988

Quispel, G., Gnosis als Weltreligion, Zürich ^{2}1972

Robinson, J.M., The Nag Hammadi Library in English, Leiden ^{3}1988.

Rudolph, K., Die Gnosis. Wesen und Geschichte einer spätantiken Religion, Göttingen ^{2}1980

Taubes, J. (Hg.), Religionstheorie und Politische Theologie Bd. 2: Gnosis und Politik, München u. a. 1984

Voegelin, E., Wissenschaft, Politik und Gnosis, München 1959

Günther Schiwy

Der Geist des neuen Zeitalters

New-Age-Spiritualität und Christentum
116 Seiten. Kartoniert

In den christlichen Kirchen begegnet man der New-Age-Bewegung mit Unbehagen.

Schiwy zeigt Gemeinsamkeiten auf, die es auch Christen ermöglichen, von dieser neuen Strömung zu lernen.

Er konfrontiert den Leser mit den Hauptthemen, -thesen und ausgewählten Texten sowohl der New-Age-Anhänger wie christlicher Denker und Mystiker. Dabei hält der Autor mit seinen Sympathien für die eine oder andere Position nicht hinter dem Berg, in der Überzeugung, daß nicht Konfrontation um jeden Preis das Gebot der Stunde ist, sondern die gemeinsame Bemühung »im Geiste und in der Wahrheit«, die Menscheit vor der Katastrophe zu retten.

Ein Buch für alle, die an Fragen des »neuen Bewußtseins«, an Gemeinsamkeiten von Christentum und New-Age interessiert sind.

Alfons Rosenberg

Engel und Dämonen

Gestaltwandel eines Urbildes

334 Seiten. Großformat.

Mit zahlreichen Abbildungen.

Gebunden mit Schutzumschlag

Sind Engel und Dämonen mythische Geisteswesen oder Boten Gottes bzw. seine Widersacher? Der Altmeister der Symbolforschung legt eine universale »Engel- und Dämonenkunde« vom Altertum bis heute vor.

In seiner Vielschichtigkeit und Geschlossenheit trägt Rosenbergs Buch wesentlich dazu bei, das neuerdings wieder breit interessierende Thema von den Ursprüngen her anzugehen und zu reflektieren.

Otto Betz führt in seinem Vorwort in das Werk des am 1. September 1985 verstorbenen Autors ein.

Kösel-Verlag München